教育研究シリーズ第53集

新たな知を拓き 人間性豊かな社会を築く 日本人の育成 I

全国連合小学校長会 編

第一公報社

まえがき

平成二十六年十一月二十日に文部科学大臣から中央教育審議会に「初等中等教育における教育課程の基準等の在り方について」が諮問された。教育目標・内容と学習・指導方法、学習評価の在り方を一体としてとらえた考え方や育成すべき資質・能力を踏まえた新たな教科・科目等の在り方、既存の教科・科目等の目標・内容の見直しなどが審議される。この諮問に対する中央教育審議会からの答申に基づいて学習指導要領が全面改訂される。それに先駆け、平成二十七年二月四日には、道徳の学習指導要領の改訂案が公表され、約一か月間の意見公募後、三月末には改訂案を告示されるという報道があった。学習指導要領の改訂を含めた一連の教育改革の具体的な内容について理解を深めることは、我々、校長の重要な責務である。また、児童の健全な育成や、世界に伍して活躍できる人材の育成を保障する学校づくりを推進することは、一人一人の校長の課題の本質を見抜く鋭い洞察力と改革のための明確な方針、実行力にかかっていることは言うまでもない。こうした時期だからこそ、校長は、いかなる困難があろうともやり抜く強い意志と学校経営の専門家であるとの自負をもち、ぶれない、逃げない学校経営を進めることが重要である。

全国連合小学校長会では、我が国の小学校教育の充実・発展を願い、全国の小学校長の学校経営の一層の充実のため、これまで真摯に研究と実践を積み重ね、着実にその成果を上げてきた。それらの成果を踏まえ、新たな視点からの提言や実践事例の掲載、情報の提供を行うために昭和三十七年から毎年、『教育研究シリーズ』を発刊してきている。

平成二十五年度、全国連合小学校長会は研究主題を「新たな知を拓き　人間性豊かな社会を築く　日本人の育成を目指す小学校教育の推進」とした。これは、未来を見据えた教育の在り方を探り、社会におけるイノベーションを生み出す力の基礎を一人一人の児童に育むとともに、国際社会の中でリーダーシップを発揮できる日本人の育成、全ての人が心豊かに生きることができる社会を実現できる人材の育成を目指すためである。

それに伴い『教育研究シリーズ』においても、今回の第五十三集から主題を、全国連合小学校長会の研究主題に準じ「新たな知を拓き　人間性豊かな社会を築く　日本人の育成」とした。全国連合小学校長会の研究主題と共通にすることにより、全国連合小学校長会の研究と『教育研究シリーズ』の関係を明確にし、研究主題に迫る学校経営の提言や実践を募り、それらを広く全国の会員に発信することにより、小学校教育の充実、発展に資することを目指してのことである。本書が全国の小学校長の学校経営に生かされることを、心から期待している。

おわりに、本書の刊行に当たりご尽力をいただいた各都道府県校長会、広報担当者、関係事務局、そして執筆いただいた各小学校長、また、編集・作成に当たった広報部長並びにシリーズ等編集委員会の方々に、心より感謝申し上げる。

平成二十七年四月

全国連合小学校長会長
堀　竹　充

もくじ

第一章　新たな知を拓く日本人の育成を図る学校経営

第二章　新たな知を拓く日本人の育成を図る教育課程の創造

第三章　人間性豊かな社会を築く日本人の育成を図る学校経営

実践事例

序論　新たな知を拓き　人間性豊かな社会を築く　日本人の育成

一　はじめに

十二年後、あるいは十六年後、今年小学校に新入学した子どもたちの多くは高等学校や大学を卒業し、社会人としての第一歩を踏み出す。十年前であれば、誰もが疑わなかったことである。しかし、戦後長らく続いた教育委員会制度の見直しを始め、特別の教科としての道徳、小学校における英語の教科化など、激動する今日の教育改革の流れの中で、このことを言い切れる校長はどれだけいるであろう。これまで当然だと思っていた教育システムや教育内容が、確実に変わろうとしている。

社会の変化は、教育の世界だけではない。知識基盤社会への新たな進展やグローバル化の進行、ますます加速する少子高齢化、子どもの貧困化問題を含んだ経済格差など、どれをとっても子どもたちの教育と無縁のものはない。

こうした中にあって、私たち校長は、未来を見据え、いかなる困難な課題に直面しようとも、決してたじろぐことなく、その一つ一つの課題に正対し、毅然とした態度で常に前向きに取り組むことが求められている。

また、学校経営の全てが、子どもたち一人一人の成長に集約されることを胸に、教育改革や教育課題の本質を見極め、それらを学校経営改善や教職員の資質向上に生かすことが、私たち校長に求められている責務である。

さらに、学校は時代の要請に応える新たな教育を創造する場でもある。私たち校長は、教育への志を高く掲げ、矜持すなわち、自信と誇りをもってその方向を指し示すリーダーであらねばならない。

本書においては、「新たな知を拓き 人間性豊かな社会を築く 日本人の育成」を主題に、当面する小学校教育の課題について、時宜を得た小学校経営への提言と事例を収録した。

二　新たな知を拓く教育課程の創造

かつて、学力といえば知識の量や技能の高さを指すことが多かった。しかし、全ての分野における変化が著しい今日では、知識や技能を備えているだけでは、いかなる課題も解決することは難しくなった。課題の全てが複雑化・多様化し、解決するためには、高度な思考力、洞察力、判断力、表現力等が必要になった。例えば、新たに開発されたテクノロジーを製品として実用化する場合、多様な分野のエキスパートが集まり、それぞれのもつ「知」をつなぎ、点から線に、線から平面、さらには立体へと進化させ、初めて一つの製品として世に出される。一人あるいは一つの部署における「知」だけで、完結する時代は終わったのである。

小学校において、基礎的・基本的な「知」を子どもたちに確実に身に付けさせることは、昔も今も変わらない。しかし、現在は、身に付けた「知」を、「新たな知」へと、進化・発展させるための取組が求められている。学校教育活動の全ての場面で、解決に必要な情報を収集し、比較・関連・統合などをすることにより「新たな知」を生み出す力の育成が図られなければならない。また、それぞれの教育活動を織りなすことにより、更なる進化した「知」が生み出されるような、教育課程の創造を図っていかねばならない。

三　教育改革期における教職員の資質向上

日本の教職員の資質向上には、以前から授業研究会や校内研修会などを始めとしたオン・ザ・ジョブ・トレーニング（ＯＪＴ）の手法が多くとられてきた。特に、校内の教職員が参加して行われる授業研究会は、海外からも高く評価され、我が国の教員の授業力等の向上に大きく寄与してきた。この手法は今後も、更に充実するよう取り組まねばならないことは自明である。

一方、大きな変化が短期間で同時進行的に多数起きている今、文部科学省を始め、中央教育審議会や国立教育政策研究所等から重要かつ大量の情報が発信されている。これらの情報は教職員の資質向上には不可欠のものであるが、あまりに膨大な量であるため、教職員全員が全ての情報を把握し、理解することは不可能であるといってよい。そのため、校長はこれらの情報を十分に理解し、地域の実態や各校の教育環境を分析した上で学校経営ビジョンを作成し、教職員にその一つ一つの取組について十分理解させ、実践（ＯＪＴ）の中でリーダーシップを発揮し、教職員の資質向上が図られるようにしなければならない。

四　人間性豊かな社会を築く子どもの育成

現代日本は、利便性や効率性、経済性などを追求し、めざましい技術革新を成し遂げ、物質的な豊かさを得ることができた。しかし、人間性豊かな社会構築については、どうであろうか。日本人は戦後、阪神・淡路大震災、東日本大震災という大きな困難に出会い、ようやく、このことの重要さに本当の意味で気付かされたように感じる。特に東日本大震災後は「絆」という言葉が新聞紙上に連日掲載され、人間性豊かな社会構築について、多くの人が考えさせられた。そして現在、「生きる力」の一つの柱である「豊かな人間性」の育成に向けて、学校はもちろん地域社会でも、様々な取組が以前に増して行われるようになり、その充実が図られてきている。

しかし、私たちは、更なる高みを目指さねばならない。それは、表題に示した「人間性豊かな社会を築く」すなわち、人間性豊かな社会の構築に向けて、主体的かつ能動的に動くことができる子どもを育成せねばならない。子どもたちのこうした力は、自己有用感を高める様々な体験活動の中で育つものであり、体験活動を重視した教育課程の工夫改善に尽力せねばならない。

五　グローバル化の中での子どもの育成

日本の子どもたちは、他国の子どもたちと比較して、「自分を価値ある人間だ」という自尊感情をもっている割合が極端に低く、「自らの参加により、社会現象が変えられるかもしれない」

という意識も低い。この事実は、今後更にグローバル化が進行したとき、大きな課題となることは明らかである。なぜなら、自尊感情のない人間に、自己の考えや思いを堂々と発信することはできない。また、「社会を変えることはできない」と思う人間に、よりよい社会を築こうとする行動は起こせないからである。要するに、グローバル化が進行する中を生き抜くための必須の条件である矜持をもった日本人にはなりえないのである。これは、学力の低迷以上に重要視しなければならず、喫緊に改善しなければならない課題である。

文部科学省は、平成二十六年十一月、「初等中等教育における教育課程の基準等の在り方について」（諮問）において、いわゆる「アクティブ・ラーニング」や、そのための指導の方法等を充実させていく必要があるとした。この学習・指導方法は、知識・技能を定着させる上でも、また、子どもたちの学習意欲を高める上でも効果的であるとされているが、先に述べた課題の改善にも、有効な手だてになりうるのではないかと考える。今後の実践研究に期待したい。

六　矜持を備えた日本人の育成

世界の多くの国は法治国家であり、「法」を順守しなければならない。しかし、日本人は「法」の周囲を取り巻く「礼」を大切にし、長い歴史の中で「礼」に基づく道徳観を養ってきた。東日本大震災直後、世界の人々から絶賛された被災者の方々の秩序ある整然とした行動もその表れである。世界の常識では、救援物資を空から投下するとき、人々が集まっている場所には絶対に投下してはならないという。奪い合いが起こり避難所の秩序が維持できないからである。しかし、米軍による「トモダチ作戦」では、避難所の直近に救援物資が投下された。しかし、混乱は起こらず、世界の常識を覆した。日本人として世界に矜ることのできる「礼」に基づく行動様式であったと考える。

今後、道徳が特別の教科として教育課程に位置付けられ、検定教科書が作成される。しかし、日本人としての矜持は、まさにこの「礼」にあることを忘れてはならない。

力及ばずして実現できないこともある。しかし、力尽くさずして諦めることは、私たち校長に決してあってはならない。

全国連合小学校長会副会長
大阪府大阪市立晴明丘南小学校長　石　丸　真　平

序章　新たな知を拓き　人間性豊かな社会を築く　日本人の育成

提言

1 新たな知を拓き 人間性豊かな社会を築く 日本人の育成

――「知識基盤社会」における学びの場の在り方――

岩手県北上市立黒沢尻東《くろさわじりひがし》小学校
澤藤耕平

一 はじめに

三十年ほど前に「第三の波」というアルビン・トフラーの著書が話題になった。この著書で、トフラーは文明の歴史を「農業段階」と「産業段階」と「今起こりつつある段階」の三段階に分けた。第一段階は、およそ一万年前の農業の発明によって始まった。それは、狩猟社会から農耕社会への移行である。この農業革命を第一の波と呼んでいる。第二段階は、産業革命に始まった。農耕社会から産業社会への移行であり、この産業革命を第二の波と呼んでいる。そして、第三段階は、産業社会から今起こりつつある社会への移行である。情報社会とも脱産業社会ともいわれるこの社会で、この情報革命を第三の波と呼んでいる。

現行学習指導要領の改訂の経緯に、二十一世紀は「知識基盤社会」と表現されているが、資源をもたず、知識を創造して先端的な科学技術を開発して経済成長を遂げてきた我が国においては、ますます高度な知識の創造が重要になることから、そのような意味で我が国の第三の波は、「知識基盤社会」と呼んでもよいのであろう。

トフラーは、第三の波が到来する社会においては、エネルギー基盤、科学技術、情報システム、企業や家庭、人間のものの見方や考え方などあらゆる領域で、われわれは歴史的変動を体験するだろうと述べている。化石燃料や原子力に変わる再生可能なエネルギーの開発やインターネットを活用した社会システムや生活の変化などがその歴史的変動の一例といえるであろう。

学校現場においても、教師が教科書を中心に黒板とチョークで一律に説明するだけの従来の一斉授業は、教室外に学習の場を移したり、グループ学習や個別学習が取り入れられる授業形態へと変化し、さらに、情報機器の活用は学びの形態を大きく変化させている。私たちは今まさに、学校においても第三の波の社会変動を体験しているのである。

このように第三の波のうねりの中にある現代は、人類が今まで経験したこともない社会変動と、創造力をはらんだ変革に満ちている一方で、予測することが困難な時代でもある。このような変化の激しい時代に生きる子どもたちには、新たな知を拓き、社会を主体的・創造的に、そして、心豊かに生きていくことが求められている。

そこで、本稿では、「知識基盤社会」において、「新たな知」を創造する子どもたちの資質や能力、態度や意欲を育成するための学びの場はいかにあるべきかを小学校教育の立場から考えたい。

二　「知識基盤社会」における「新たな知」とは

「知識基盤社会」という言葉は、平成十七年の中央教育審議会答申「我が国の高等教育の将来像」で示された文言で、「二十一世紀は新しい知識・情報・技術が政治・経済・文化をはじめとする社会のあらゆる領域での活動の基盤として飛躍的に重要性を増す社会」と定義されている。

この答申では、「知識基盤社会」においては、「新たな知の創造・継承・活用が社会の発展の基盤となる。そのため、特に高等教育における教育機能を充実し、先見性・創造性・独創性に富み卓越した指導的人材を幅広い様々な分野で養成・確保することが重要である。また、活力ある社会が持続的に発展していくためには、専攻分野についての専門性を有するだけでなく、幅広い教養を身に付け、高い公共性・倫理性を保持しつつ、時代の変化に合わせて積極的に社会を支え、あるいは社会を改善していく資質を有する人材、すなわち『二十一世紀型市民』を多数育成していかねばならない。」と述べている。

人々の知的活動や創造力が最大の資源である我が国にとって、優れた人材の養成と科学技術の振興は不可欠である。この答申は、高等教育に向けられたものであるが、その基本理念は小・中・高・大学と一貫したものであり、優れた人材を養成する基盤を担う小学校教育の役割もまた重要である。

「新たな知を拓く」とは、この答申で述べられている「新たな知の創造・継承・活用」と同義であると考える。変化の激しい社会においては学校で学んだ知識だけでは解決しない様々な複雑な問題が発生する。それらの問題に対して解決に必要な新たな情報を収集し、それらを比較・関連・統合するなどして新たな知識を創り出すことが求められる。ここで創造された知識は、新たな問題の解決に活用されるものである。

つまり、「新たな知」とは、単なる知識ではなく、収集した情報を読み取る技能や解釈する思考力、解答を導き出す判断力、人に伝える表現力なども含まれる。そのように考えると、「新たな知」とは、まさに生きる力の構成要素の一つである「確かな学力」に含まれる「知識」、「技能」、「意欲」、「問題発見力」、「思考力」、「判断力」、「表現力」、「問題解決力」の八つの力と考えることができる。

「新たな知」は、学校教育の中で獲得した後は使われなくなる能力ではなく、学習や生活の中での問題解決場面で生かされる能力ということになる。それは、生涯にわたって生きて働く力とならなければならない。

三 「知識基盤社会」における学びの場の在り方

「新たな知」に含まれる「意欲」、「問題発見力」、「思考力」、「判断力」、「表現力」、「問題解決力」などが注目されたのは、「生きる力」の育成が打ち出された平成十年の学習指導要領の改訂のときである。ただ、これらの力の育成は決して目新しいものではなく、教育が目指す不易の要素である。そして、現行の学習指導要領では、基礎・基本という言葉に置き換えられた「知識」と「技能」を加えて「確かな学力」という言葉にまとめられ、「知識基盤社会」においてはますます重要な要素となっている。

しかし、「生きる力」の育成の目玉となった「総合的な学習の時間」も、各学校においては当初こそ、先進的な取組に学びながら自校でできる実践を行ってきたが、最近の状況を見ると、教科の補充的学習になったり、学校行事の事前事後指導の場になっていることも少なくない。また、「生きる力」の育成は、「総合的な学習の時間」だけではなく、全ての教科においても求められているのであるが、各教科においては教師主導の知識を教え込むだけの授業が未だに行われているのも現状である。

そこで、「生きる力」の育成の重要な要素である「新たな知」を創出する学びの場の在り方を「主体的な学びの場」と「協同的な学びの場」という二つの観点から述べてみたい。

1　子どもたちの主体的な学びの場をつくる

今、子どもたちはコンピュータをはじめとする様々な情報機器を使いこなし、幅広い知識や情報を手に入れている。このような時代の子どもたちは、学びの感覚も新しく、学校にきて知識を教え込まれるだけの授業では退屈して、いらいらするだけである。

新たな知の創出で重要なことは、子ども自らが知識を創り出すことである。それには、子どもが学習の対象からとらえた疑問や問題をイメージ化し、それを既有の知識や経験と関係付けたり、意味付けたりして、対象を解釈していく過程の中で、新たな知識として創出されるべきものである。

子どもが学習の対象からとらえた疑問や問題をイメージ化するためには、教師は自然事象や社会事象など、対象との出会いの場を工夫する必要がある。この出会いの場は、子どもにとって意外性や驚きや感動のあるもので、子どもの知的好奇心を揺さぶるものでありたい。この知的好奇心を揺さぶられる対象との出会いから、子どもは疑問や問題を発見し、追究してみたいという意欲がわくのである。

子どもが問題を追究しようとするとき、まず、既有の知識や経験をもとに考えるが、知的好奇心を揺さぶられる問題は、既有の知識や経験だけでは容易に解決しないものである。そこで、問題解決のために必要な情報を集めることになる。その方法は、実際に見たり聞いたりすることや図書館やコンピュータで調べたりするなど、多様な方法が考えられる。そして、集めた情報を対比したり、関係付けたり、統合したりすることにより、自分の考えが生まれる。さらに、自分の考えを他者と話し合うことにより、問題の解決に迫り、新しい知識を創り出すことができる。

このような主体的な学びによって子どもが自ら創出した新たな知は、その後の学習や生活でも自ら活用し、新たな問題に挑戦しようとする意欲の高揚につながる。すなわち、大切なことは、子どもが生きていく上で出会う様々な問題場面で、自らが創出した新たな知を生かしていくことである。

2　子どもたちの協同的な学びの場をつくる

はじめに述べたとおり、かつての一斉授業の授業形態は既に変わりつつある。これは第二の波の「産業社会」において効率性を第一に考えられたものだからであり、グローバル化が進展する中、そして、「知識基盤社会」では、こうした授業形態も変化する必要がある。

前項で述べたように、学習の場は教室だけでなく、図書館やコンピュータの活用、実際に地域を訪ね、自分の目と耳で学ぶなど、子どもたちの主体的な学びの場を広げていくことが重要になっている。それと同時に、自分で集めた情報をもとに問題を解決する過程で他者と話し合い、互いの意見を述べ合うことなど、授業にペア学習、グループ学習などの協同的な学びの場を効果的に取り入れることは、よりよく問題を解決するために必要である。

この協同的な学びのメリットについて、富士市立岳陽中学校の実践（『公立中学校の挑戦　授業を変える・学校が変わる』佐藤雅彰　佐藤学編著）に次のようにまとめられているので参考にしたい。

まず、グループ学習を行うメリットについては、「小グループ活動であるため、気軽に自分の意見が言え、学びに参加できる。多様な考え方をすり合わせたり、新しい考えを協同で考え出すことができ、学びに広がりができる。分かるまで仲間に聞くことができる。教師は援助の必要な子どもに必要な援助（個別指導）ができること。できる子どもが低学力層の子どもたちをケアし、集団の学力アップにつなげられる。」と述べている。

また、グループ学習によって基礎学力が高まった集団については、「全体の学力が上がるため、さらに発展的な問題にも挑戦でき、学びの質を高めることにもなる。子ども相互に依存し合える環境をつくることは、高学力層の子どもにとっては自分の知識を、低学力層にとっては学ぶことをあきらめなくなるといった相乗効果が期待できる。」というメリットを挙げている。

つまり、協同的な学びによって、仲間とともに学び、相手を認めるという人間関係を築いた子どもは学習意欲が高まる。何かの問題に直面したときに、仲間と協力して情報を集めたり、仲間とともに考えたりする経験をたくさん積んでいる子どもは、将来においても仲間とともに創出した新たな知を生かして問題に向かい合う力を身に付けることができる。

四　おわりに

平成二十五年に公表されたＰＩＳＡ調査結果において、我が国は読解力などにおいてＶ字回復を示した。いわゆる「ゆとり教育」からの転換により学習時間や学習内容を増やしたことが、その要因の一つに挙げられるであろう。しかし、いじめや不登校の問題や社会体験の不足などは、今なお大きな教育課題として存在する。

どの学校にも授業がうまくいかないと悩む教師がいるのではないだろうか。子どもたちは授業中、私語が多く、なかなか集中しない。しかし、そのような教師の授業を見ると、子どもの興味や関心を喚起するものとはほど遠く、子ども同士の学び合いも見られず、教師が一方的に説明しながら進めている場合が少なくない。このような授業を受け続けている子どもは、徐々に授業への不満やいらいらが募り、いつしか授業も成立しなくなる。また、子ども同士の人間関係も不安定になり、いじめや不登校が生まれる大きな要因にもなり得る。

「新たな知を拓き　人間性豊かな社会を築く　日本人の育成」という今回のテーマは、大学等の高等教育においては、これからの社会を支え、改善していく、優れた人材育成に直結する教育の在り方を考えなければならないのであろうが、小学校教育においては、一人一人のよさが発揮される授業づくりという原点に立ち返って、学校経営を進める必要があると考える。そのような意味で、紙幅の関係で触れることができなかったが、ユニバーサルデザインの考えを取り入れた「どの子も分かる学びの場をつくる」ということも付け加えておきたい。

本稿で述べた「主体的な学び」も「協同的な学び」も決して新しい授業の在り方ではない。しかし、二十一世紀に、「知識基盤社会」といわれる現代において、未だ古い体質の授業が行われているとすれば、それを正していくことも校長としての使命である。

提　言

2　新たな知を拓く学校経営
――つながりのなかで育つ学校づくり――

青森県八戸市立柏崎《かしわざき》小学校
髙　野　康　一

一　はじめに

グローバル化が進展するなかで、新しい知識・情報・技術が、政治・経済・文化をはじめ社会のあらゆる領域での活動の基盤として飛躍的に重要性を増す、そんな「知識基盤社会」に生きていることを肌で感じる時代を迎えている。

グローバル化、知識基盤社会化の進展により、現在、小学校に通う子どもたちが実社会に出て活躍する頃には、価値観や文化の異なる人同士がチームを組み、合意を形成しながら協働することを通して問題の解決に当たることから、「新たな知」を創造していく資質や能力、態度や意欲の発揮が、今以上に強く求められるようになると考える。

このようなことから全国連合小学校長会では、平成二十五年度から新たな研究主題として「新たな知を拓き　人間性豊かな社会を築く　日本人の育成を目指す小学校教育の推進」を掲げ、学校経営について学び合い、小学校教育の質の充実を図るために取り組んでいる。今回、研究主題に迫るために与えられた論題である「新たな知を拓く学校経営」について提言するに当たり、「新たな知を拓く」とはどのような教育的な営みであるのかについて、最初に確認しておくこととする。研究主題の設定理由によると、「新たな知を拓く」とは、「『知識基盤社会』において、『新たな知を創造する』子どもの資質や能力、態度や意欲を育成する教育を推進することである」と述べられている。したがって、「新たな知を拓く学校経営」とは、「『新たな知を創造する』子どもたちの資質や能力、態度や意欲を育成する教育を推進する学校経営」であるととらえることができる。

このことを踏まえて、「新たな知を拓く学校経営」について、まず、「新たな知を拓く」学校経営を担う教職員に求められる資質や能力、態度の視点から述べ、次に、「『知識基盤社会』において、『新たな知を創造する』子どもの資質や能力、態度や意欲を育成する教育」について、授業づくりと学級づくりの視点から述べる。そして、最後に「新たな知を拓く」学校と家庭・地域社会の在り方について述べ、提言としたい。

二　新たな知を拓く教職員が育つ学校づくり

校長は、我が国を取り巻く状況についての危機意識をもち、これからの社会を担う人材の育成における小学校教育の役割を深く自覚し、学校経営を推し進める必要がある。グローバル化の進展による情報等の流動化や知識基盤社会の到来をはじめ、少子・高齢化の進展による社会全体の活力の低下、そして家族・地域社会の変容による人と人のつながりや、支え合いによるセーフティネット機能の低下と価値観の多様化など、これらが相互に絡み合いながら、様々な危機的な状況を生み出している。

このような社会であるからこそ、「新たな知を拓く」学校経営を推進するためには、組織としての対応が重要であり、協働の価値を重んじる学校文化の創造が大切になる。「第二期教育振興基本計画（平成二十五年六月）」において、「社会を生き抜く力」として示されている、「多様で変化の激しい社会の中で個人の自立と協働を図るための主体的・能動的な力」の発揮は、何よりも教職員自身に求められていると考える。したがって、校長には、これまで以上に組織マネジメント力の発揮が求められており、校長、副校長・教頭と校務分掌としての各種部会・委員会等との要（連結点）となり活躍するミドルリーダーの育成は特に重要である。

そこで、子どもの教育に関わる課題を教職員集団として共有して、その課題解決に向けて「チーム」で対応していく元気で強靭な学校組織にしていくために、次のような点を大切にしたいと考える。

まず、学校経営においても、子どもの教育と同様に、「新たな知の創造」には、人に対する敬意をもち、互いに考えを交流して対話を深めることを重視したい。異なるものの見方や考え方、感じ方などが交流することは、考えがぶつかり合うこともあり、協働する上で困難が伴うことも考えられる。しかし、同調性の強い教職員だけでは、「新たな知を拓く」学校経営は難しい。子どもの教育に携わる者として、個人の自立と協働のないところに「新たな知を拓く」学校経営は生まれないと考える。新たな自分、新たな教育の創造のためには、異質なものの存在を心底ありがたく思って受け止め、新たな知を創り出していくことに喜びを感じながら、自分のよさを最大限発揮して組織に貢献することが求められる。このことによって真の同僚性が構築される。教職員としての生き方が問われているのである。

次に、教職員が現場の切実な課題についての認識を深めながら、知恵を出し合ってビジョンと目標を創り上げていくことを重視したい。子どもたちが幸せに生きるために最善を尽くそうと、教職員が意思決定をする際の拠り所とし、協働により組織がその力を発揮するための拠り所とするのが、学校のビジョンであり目標である。校長自身が、学校経営におけるビジョンと目標をもち、さらに行動計画を描くことは当然大切なことである。しかし、それを校長から教職員へ一方的に伝えるだけでは、それらが子どもの実態や教職員の課題認識などと乖離し、「絵に描いた餅」に終わってしまうことも考えられる。教職員の切実感に根差したビジョンであり、目標でなければ、教職員の意欲は高まらない。たとえ数値目標を設定したとしても、教職員が現場の切実な課題を踏まえた数字として実感できなければ、数値目標を達成させることが目的化してしまう。

校長は、教職員が問いをもち、思考・判断し、行動できるように教育課題を把握する場の設定を工夫することに、力量を発揮したい。知識基盤社会であるからこそ、校長は、教職員に対して「どのような情報に、どのように出会わせていくか」という情報提供能力を磨き、教育課題が明確になるよう、場づくりを工夫したい。

実感をもってビジョンと目標を教職員で共有することで、教職員同士の対話が深まり、学年経営や学級経営、そして校務分掌における各種部会や委員会等の行動計画に、教職員が主体的、能動的に取り組むと考える。教職員の組織的な問題解決能力が問われているのである。

そして最後に「新たな知を拓く」学校経営を充実させるためには、行動の段階、すなわち日々の具体的な取組の段階において、「振り返り（リフレクション）」を重視したい。日々変化、成長する子どもたちを前に、ビジョンと目標が、そして具体的な取組が、本当に子どもたちの実態や学校の課題に即したものとなっているか、反省的に思考することである。まさに、ドナルド・ショーンが提唱する行為しながら考える「反省的実践家」としての教職員が育つ学校づくりが求められている。日々の取組から得られた実感を汲み上げて対話を重ね、ビジョンや目標、そして行動計画の改善に反映させるよう、学校経営に柔軟性をもたせたい。そのことにより、ＰＤＣＡの組織マネジメント・サイクルの形骸化も防ぐことができる。教職員には、振り返りを大切にし、省察する力を養うことが求められている。

三　新たな知を拓く授業づくり

「『新たな知を創造する』子どもたちの資質や能力、態度や意欲を育成する教育」は、知識・技能が意欲や思考と結びつく教育に努めるということである。そのことにより、知識と知識がつながり、知識の網の目（ネットワーク）が形成され、次の問題解決の活動に生きて働く知識となる。「知性」とは、「感覚によって得られた物事を認識・判断し、思考によって新しい認識を生み出す精神の働き（大修館書店・明鏡国語辞典）」とある。まさしく「新たな知を拓く」学校経営は、「知性を育む」学校経営ということができる。

そのために校長には、これからの社会をたくましく生き抜いていく子どもに求められる資質や能力などを確かにとらえ、具体的に授業像を描き、それらを教職員と共有することが求められる。

そこでまず、「何を知っているか」「何が分かったか」という知識の習得とともに、「どのように問題解決することができるか」という実社会で活用できる汎用的能力、その育成の重要性について教職員で共有したい。国立教育政策研究所は、学習指導要領の理念である「生きる力」を実効的に獲得することを目指した「二十一世紀型能力」を、「基礎力」「思考力」「実践力」の三つの層で構成し、汎用的能力の育成を提案している。

次に、こうした汎用的能力を育成するには、教科・領域等の学びと総合的な学習の時間の学びをつなぐことの重要性について教職員で共有したい。発達の段階を踏まえて、各教科・領域等の本質として身に付けるべきものの見方や考え方、表し方などを取り出して整理し、「総合的な学習の時間」の学びとつなぐことが大切である。

さらに、汎用的能力を育成するには、問題解決能力を学ぶ力の中核に据えて、体験的で、探究的で、協同的な学びを子どもに保障することの重要性について教職員で共有したい。汎用的能力は、子どもが五感など自分の身体を駆使して対象と関わり、内面に生じた思いの実現や問いの解決に向けて、自分の頭で考え、表現することによって育つ。

四　新たな知を拓く学級づくり

グローバル化や知識基盤社会化が進展するなかで、国内においては人間関係の希薄化による孤立感が漂い、国外においても国際的な緊張が高まるなど、先行きの不透明感や閉塞感は一層強まってきている。また、学校では、いじめや校内暴力などを克服する子どもの規範意識の育成はもとより、人間関係を結ぶ基本的な力の育成までもが重要な教育課題として浮上してきている。家庭同様、学級も、ジョン・ボウルビィが述べている子どもの「心の安全基地」として必要であり、子ども同士や教師との信頼関係・相互承認関係は、子どもの自尊感情を強化し、未知のことに挑戦する勇気をもつことにつながる。子どもと子どもの豊かな関係性を育むことが、学び合う授業づくりの土台となる。

こうしたなか、日本の特別活動が海外から注目されている。「日本では、『子どもの自主性』とか『よりよい人間関係』とかを大切にするとともに、それらを生かしてよい授業をつくるために授業研究を行っている点がすばらしい。」「人種や宗教、価値観などの違いや多様性を超えて共に生きていかなければならない世の中だからこそ、いまこそ特別活動が世界の学校教育に必要です。」とアメリカの教育学者キャサリン・ルイスが述べている（初等教育資料平成二十五年四月号・同書平成二十六年五月号）。国立教育政策研究所教育課程研究センターから「特別活動指導用リーフレット『楽しく豊かな学級・学校生活をつくる特別活動』」が作成され、各学校に配布されている。

グローバル時代に生きる人材の育成を踏まえ、共に学び生活する学級づくりに新たな意味付けを行い、互いを尊重して「折り合うこと」を大切にした「話合い活動」などの「学級活動」を一層充実することが求められている。二十一世紀を生きる子どもには、日本人としての自覚とともに、地球社会の市民としての意識と感覚をもつことが求められる。小学校期の子どもにとって、目標を共有し助け合って活動するなかで、他者を大切に思う気持ちと共存・共生の知恵を育むことは、重要である。特別活動で培う資質・能力は、国立教育政策研究所が「二十一世紀型能力」の「実践力」として挙げている自律的活動力や人間関係形成力、社会参加力につながる重要な汎用的能力と考える。

五　おわりに

今後ますますグローバル化が進む国内においても、異なる文化や価値観をもつ人々と地域社会で生活し協働する場面が増えると考えられる。しかし、足元を見つめると、人と人とのつながりに関わる問題が山積している。町内会への加入率の低下に見られる地域住民のつながりや、ＰＴＡ活動への参加に見られる保護者同士のつながりの問題など、大人のつながりの問題が、学級・学校における子どものつながりの問題として顕在化してきている。

このような子どもを取り巻く状況の変化は、学校と家庭・地域社会との連携・協力にも影響が出る。新たな知を拓く質の高い授業づくり以前の基本的な生活習慣づくりや規範意識の確立に関わる問題への対応に追われ、これまで以上に学校運営に支障が出てくることも心配される。「共に育て、共に育つ」という考えに立ち、子どもたちに温かいまなざしを注ぎ、協働の価値を重んじる学校文化を大切にしたい。今こそ、学校・家庭・地域社会は、子育てのパートナーとして、各々の役割と責任を自覚し、相互の連携と協力を一層図るべきと考える。校長には、中学校等との教育連携など、子どもの成長軸に沿った学校間連携のマネジメントを経営の縦軸に、学校と家庭・地域社会とのネットワークマネジメントを横軸に据え、三者が協働するための仕組みをつくり、「地域とともにある学校づくり」を進めることが求められている。「子どもは地域の宝」との思いで子育てを共有し、子育てに関する情報と学びを共有しながら協働し、子育てにおける責任を共有することで、グローバル化社会をたくましく生き抜いていく子どもが育つと考える。

提言

3　人間性豊かな社会を築く　日本人の育成を図る学校経営

――特別活動を基盤とした日本型教育の復権――

和歌山県和歌山市立山東《さんどう》小学校長
西端幸信

一　はじめに

3・11東日本大震災の惨禍の最中、日本人がとった「自助」「共助」の命を守る行動は、諸外国から尊敬すべき日本人の姿として高く評価されたことは記憶に新しい。このことは、私たちの先人から地域をつなぐコミュニティの中で伝統的に培われてきた「絆」であり、いわゆる日本型教育のしなやかさに私たち日本人の誇りを実感させた。

一方、現代社会は、知識基盤社会化やグローバル化、情報化の進展によるインターネット、スマートホン等のコミュニケーションツールの進歩・普及拡大が進むなか、様々な社会的要因が絡み合い、困難な社会的問題や現象が出現してきた。そしてそれは学校教育の分野にも大きな影響を与え、既成の知識体系の枠を超えた新しい知のパラダイムの再構築が進められている。それは、自ら考え主体的に判断する力、幅広い知識と柔軟な思考力に基づいて新しい知や価値を創造する能力の育成と言い換えることができる。このような状況を踏まえたとき、小学校教育においては、知・徳・体の調和を重視した「生きる力」を確実に育むことが責務となるが、子どもたちの現状は、生活体験や自然体験等の直接的体験活動の減少による人間関係力の弱さが大きな課題となっている。例えば、表面的には個性発揮の弱さ、自己主張の弱さ、自信のなさ、指示待ち等の傾向である。子どもたちがよりよい人間関係を育みながら規範意識を醸成し、人間性豊かな社会を担う日本人に育つためには、生活全般で人間づくりを行い、学校生活を豊かにする「特別活動」を基盤に据え、学校教育全般で子どもたちを育てていく学校経営が求められると考える。

二　日本型教育の長所を生かした学校経営

一九八〇年代以降の日本は、教育改革の方向性を欧米にモデルを求めて模索し続けてきた。その過程では、ＰＩＳＡやＴＩＭＳＳといった国際的な学力調査の結果から、日本の子どもの学力低下を問題視したマイナス面が強調される傾向にあり、全国学力・学習状況調査でも、ＰＩＳＡ型学力を試す出題傾向が顕著である。その中でも、日本の教育は、国際的に高く評価されてきた数多くの長所を備えている。例えば、海外では個人の学力向上を目指した教科学習を重視してきた国が多かったが、日本は、個人だけでなく「学級を集団として育てる」ことも目標としてきた。つまり、教科学習だけでなく、学級活動や学校行事などを通して学級を集団として育てようとする指導は、日本独自の優れた視点と考える。

1　今日の子どもの学力・生活を巡る諸問題の根源

日本型学校教育は、「教科教育」と「生活教育」の二つの側面があり、これらが互いに補完し合うことによって、子どもたちの社会や自然に対する知識・理解を深め、結び付ける根本原理を有する。学習指導要領もその理念に基づき、戦後は「生活教育」の主要な要素ともいうべき経験主義の単元学習が主流となった。その中でも、昭和三十年代半ば以降の高度経済成長にともなう人材育成の観点から、教科教育の系統性重視が学習指導要領にも色濃く反映されるようになった。その間、子どもたちを取り巻く環境は、自然破壊や車社会の進展による遊び場の減少、少子化や塾通い等にともなう地域や家庭での遊び仲間の減少、生活の機械化・自動化による独り遊びを助長する遊具や簡便な情報端末の出現等、大きな変化を遂げた。このことは、子どもの育ちの過程から自然体験・社会体験を軸とした生活の中での成長力を弱め、学校教育も次第にその生活力育成機能を弱めていったと言えよう。地域や家庭そして学校においても、子どもの成長過程での生活場面が後退し、人間性や社会性を育む場が減少してきたことが、今日の子どもの学力や生活を巡る諸問題の根源である。

2　諸問題の克服と学校教育の役割

昨今の学校現場の多くは、いじめや不登校、学力不振等の課題に加え、授業中の立ち歩きや教師への暴言等、いわゆる「荒れ」た状態が蔓延していることがある。そしてそこは、子どもたちにとって、もはや安心して学習をしたり、生活したりする場とはほど遠い環境になっていることも多い。教師も、次々と起こる問題行動に対応するのがやっとの状態で精神的にも疲弊している。その現象は、もちろん子ども自身や学校だけでなく、前述してきたように家庭・地域・社会全体にも要因があり、それぞれに解決すべき課題があるが、本稿では学校経営の視点から子ども自身に見られる要因と、学校の要因を明確にし、課題解決のための学校経営方針として、「学校生活」を明確に位置付けた教育課程の編成について論考する。

まず、子ども自身に見られる「荒れ」は、直接的には規範意識やコミュニケーション能力などの社会性の低下、衝動性の高さや自己統制力の弱さなどの人間性の低下といった要因がある。間接的な要因としては基本的生活習慣の乱れや、学習面での理解の遅れから学習内容が不消化となり、学習回避や授業妨害等の問題行動が指摘できる。こうした要因で、自分のすべきことが分からない、学校にも家にも居場所がない、といった状態を生み、結果として学力や自己肯定感の低下へとつながっていると考えられる。

一方、学校の要因としては、教員全体で共通認識のもと、組織として指導していこうという意識が低くなっていることや、社会や子どもの変化を的確にとらえ、子どもとの信頼関係を築いた上で厳しく指導したり優しく諭したりという、発達段階や場面に応じた適切な指導が十分に行えていないこと、また、教員の大量退職期を迎えての指導スキルの継承が十分行われていない問題など、教員の指導力の弱さも指摘されている。

そこで、これらの問題を克服し、どの子にとっても安心して学習をしたり、生活したりする場としての学校を取り戻すための学校経営戦略が必要になる。それは日本型教育への回帰であり、生活全般で人間づくりを行い、学校生活を豊かにする「特別活動」を基盤に据え、他者への関心や愛着を育み、信頼関係を築くことによって、よりよい集団をつくろうとする意欲と、それを実現するための構想力と実践力を育む教育課程の実践である。このことは、問題を解決するために学ぼうとする意欲をもって生きる子どもを育てることであり、「人間性豊かな社会」を築くことにつながっていくと考える。

3　生活全般で人間づくりを行い、学校生活を豊かにする学校経営戦略の策定

集団のもつ力を知らずに育ってきた子どもたちに集団の楽しさを教えることがまず、学校として取り組むべき課題となる。「自分一人でできることは限られているが、みんなでやれば大きなことができる」ことが実感できる望ましい集団活動を子どもの発達段階に合わせて、意図的・計画的に組み込んでいくことが必要である。そしてそのねらいは、次の三点に集約されると考える。

(1)　望ましい集団活動は学力向上につながる環境をつくる

全国学力・学習状況調査が毎年悉皆で行われ、都道府県別の正答率が公表されることから、社会や保護者にとって、子どもの学力への関心が一層高まった。個人の学力保障に学校がエネルギーを注ぐことも重要であるが、正答率の僅かな上下に一喜一憂することは、「木を見て森を見ず」の感を拭えない。学校教育は、集団の中で個を育てる視点を見失わず取り組むことが大切である。集団としてよりよい学校生活を築こうとする自主的、実践的な態度形成の取組こそ、学力向上につながる環境づくりに有用であると考える。それは、学校生活の諸問題を学級会や児童会で話し合い、実践していく活動を通して、子どもたちに自ら進んで生活習慣を向上させたり、ルールを守ろうとしたりする態度が形成されていくと考えるからである。その態度形成は、進んで学習に取り組む意欲を高め、より学習した内容をしっかり身に付けていこうという意欲につながっていく。また、学級集団等での話し合い活動を通して育まれる人間関係の深まりは、間違いや失敗を恐れず安心して学習に取り組める望ましい集団を作っていく。そうした安心感は、どの子ものびのびと自己を表現できる環境を創り出すことにつながり、友達と教え合ったり競い合ったりして、互いに学び合い高め合っていくような学級の雰囲気を醸成していく。それにより、学級集団としても個人としても学力向上が期待できる。

(2) 望ましい集団活動は、いじめの発端となるトラブルなどの解決ができるたくましい集団を育成する

いじめのない学校を実現させる方法は、教師や大人が上からの力でいじめを抑え込むのではなく、子どもたちの力を信じ、子どもたち自身でいじめの発端となるトラブルなどの解決ができるたくましい集団を育てていくことにあると考える。

よりよい人間関係形成力と問題解決力は、発達段階を考慮した教師の意図的な指導の中で、子どもたちが多様な他者と折り合いをつけて集団決定していく活動や、集団決定したことをそれぞれが役割を果たしながら協力して実現し

ていく活動によって育成される。集団決定が尊重され、よりよい人間関係が形成された集団では、自分と同じように他者を尊重して互いを思いやる和やかな雰囲気を生み、感情的なトラブルや特定の子を継続的にいじめるような行為は発生しない。また、問題解決力が育っている子どもたちであれば、お互いのトラブルに対して、当事者や周囲の友達も巻き込んで、よりよい解決策を見いだそうとする。いじめにつながるようなトラブルなどに対しても、教師の適切な指導の下に、自分たちで進んで解決しようとする動きを起こすことができる。そのことが、結果として人権意識を育て、いじめのないどの子にも安心安全な学校実現への近道となる。

(3)　望ましい集団活動はセルフ・エスティームを育む

セルフ・エスティームとは、自分自身を価値ある者だと感じる感覚である。自分自身を好きだと感じ、自分を大切に思える気持ちのことであるが、民間の教育研究所が行った調査に、日本の子どもは他の国の子どもに比べて、様々な面で自分自身を低く評価する傾向があるというレポートがあった。全国学力・学習状況調査の結果では、勤務校の子どもたちも同様の傾向が見られた。しかし、実は自分に自信はないのだけれど、表面的には周囲の期待に応えるために自分をいい子に見せようとする傾向がある子どもは多い。その子たちは、「他者との関係で自分自身を正直に出すことはできないのだけれど自分のことは分かってほしい。しかし周囲はなかなか分かってくれない。」というジレンマに苦しみ、様々な不適応行動に及んでしまうことも少なくない。

集団活動をよりどころとする特別活動では、よりよい生活や人間関係を築くために、子どもたちが自分たちで役割を分担し合ったり、任された仕事の責任を果たしたりするなど、集団の一員として、集団に寄与する活動を意図的に展開させる。子どもたちは、その活動過程で、達成感や充実感を味わい、仲間と互いのよさを認め合ったり自分の成長に気付いたりするなど、「自分自身の持ち味」、「自分のよいところ」や「仲間から必要とされていること」、「自分も役に立っていること」の実感を体験できる。こうしたことを通して、集団の中で自分がどれだけ大切な存在であるかということを自覚するなど、セルフ・エスティームが育まれていく。

三　中期的視野に立ち、ＰＤＣＡが機能する学校経営

学校経営は、学習指導要領の理念や教育委員会の教育行政方針、家庭や地域の願い等を背景とし、校長が自身の教育理念に基づいたビジョンを掲げて戦略を策定・周知し、教職員と組織的に進めるべきものである。戦略づくりにあたって校長は、子どもの実態に鑑み、「何を」「いつまでに」「どうする」ということを見通さなければならない。本稿で述べてきた人間性豊かな社会を築く日本人を育てる学校経営を実践していくには、よくある前例踏襲型の単年度計画の見直し、改善ではなく、少なくとも三年~五年スパンでの中期的な視野に立った計画が必要となってくる。

まず、最終到達目標と現状とのギャップを埋めるためにどのような取組と時間が必要なのかを分析し、最終目標実現に向けて、一年毎の年次計画を策定し、最後に今年度の詳細な計画をつくっていく行程が望ましいと考える。

学校が組織として目標実現のために機能するには、教職員にまず、これから自分たちはどのようなミッションに取り組んでいくのかが分かる「中期スパンでの学校経営戦略」を明示する必要がある。取組の内容、時期や機能が可視化されたスケジュールを説明することで、個々の教職員は、「自分は全体の中でどのような役割を担うのか」「計画全体はどのように進んでいくのか」等をお互いに確認することができる。

全体計画を教職員で共有できたら、次にこの一年で経営資源（人材・物資・予算等）がどの時期にどれだけ必要か、どんな組織を立ち上げ、どのようなリーダーとフォロワーのメンバー構成で推進していくのか等を教職員に具体的に示し、一年間の取組に見通しをもたせる。その上で、校長は教職員に個々の目標設定をさせ、面接を通して個々の

教職員の目標を把握し、教職員一人一人の行動計画の実践を支援していくことになる。

学校経営を推進していく上での校長の役割は、衆知を集めて計画を立てること、その計画の進捗をチェックし、その結果を評価し、改善された次の取組に結び付けていくことであると考える。つまり、月間、学期、年間、中期等の異なるスパンのＰＤＣＡサイクルが確立し、構造的に機能することによって、目標実現に確実に向かっていくことができると考える。

四　おわりに

知識基盤社会化やグローバル化、情報化等に代表される現代社会の進展が、子どもの育ちから社会体験や自然体験の場を減少させた結果、社会性や人間性の成長をも脆弱にし、学校教育に大きな影を落としている。本稿では、そのことが今日の子どもを巡る諸問題の根源となっているととらえ、人間性豊かな社会を築く日本人の育成を図る学校経営の実現に向けて、特別活動を基盤とした日本型教育の復権への取組を手がかりに論考してきた。

集団の中で個を育てる日本型教育は、「なすことによって学ぶ」を方法原理とした「特別活動」として位置付けられ、現行学習指導要領では、児童生徒の人間性や社会性を育成するための重要な役割を担い、特に「よりよい人間関係を築く力」、「社会に参画する態度や自治能力」の育成を重視する領域であるとされ、各教科や道徳、総合的な学習の時間等との有機的な関連を図りながら学校教育活動全体を通して実践される必要があるとされている。そこで、子どもの諸問題を解決するための突破口として学校生活全般で人間づくりを行い、学校生活を豊かにする学校経営戦略を策定していくための三つの視点を示した。学校経営に教職員を組織的に参画させていくことが教員の指導力向上への足がかりになると考える。

第一章　新たな知を拓く日本人の育成を図る学校経営

提言

新たな知を拓く日本人の育成を図る学校経営

――「新たな知」の基礎を育む小学校教育の在り方――

静岡県浜松市立蒲《かば》小学校長
谷口　卓

一　はじめに

情報技術の高度化、グローバル化、資源の有限化、少子高齢化により、二十一世紀の社会は激しく変化していくことが予想される。目の前の子どもたちが、この激しく変化する社会を生き抜いていくために、これまで先人が培ってきた、「継承されてきた知」を受け継ぐだけでなく、予測のできない問題を解決し、自ら道を切り拓くための「新たな知」が求められている。

国立教育施策研究所の教育課程の編成に関する基礎的研究の報告書では、これからの社会に求められる力を「二十一世紀型能力」として、「未知の問題に答えが出せるような思考力」と「他者との対話を通して解決できるような実践力」が必要であると提言している。この提言はこれからの社会に求められる「新たな知」の方向性を示している。

小学校に問われている課題は、時代が要請している「新たな知」を、提言等を参考にしながら読み解き、小学校段階で子どもたちに育む基礎とは何かを明らかにすること、また、それらを身に付けさせるために必要な人的、物的な教育環境等をどのように整備していくのかを考えることである。

二　「新たな知」の基礎を育む

1　「思考力」の基礎として好奇心・探求心を育てる

「未知の問題に答えが出せるような思考力」の基礎となる子どもの資質として、子どもたちのもつ好奇心・探求心があげられる。昆虫博士、星博士、歴史博士、電車博士、車博士など、興味をもった世界で子どもたちは努力を惜しまず追求し、多くの知識を獲得している。そして、対象物を追求する中で、新たな感動を受け、その感動が新たな興味を生んでいる。こうした感動と興味・追求の循環が、子どもの好奇心を高める。また、探求する過程で、超えられないと思われる難しさと出遭い、この時、頑張り抜いて得た感動は、子どもの探求心をより強くする。

学校は、子どもたちの好奇心を刺激し、探求心を高めるところでありたい。そのため授業や行事が、子ども自らが積極的に働きかけることのできるもの、満足するまで探求できるものであるよう工夫する必要がある。

校長は、子どもたちの好奇心・探求心を高める要素（「生活に結びついている」〔身の回りのことが教材になっている。具体的に考えることができる。〕、「子どもの思いが大切にされる」〔子どもがやりたいことを考慮している。子どもたちで課題設定する。各自が疑問に思ったことを課題にする。探求過程で新たな疑問が生まれたら課題にする。〕、「探求過程が保証されている」〔じっくり調べる時間が確保されている。本や資料、インターネット等調べる手段が複数ある。調べる手段を自由に選択できる。〕、「探求結果を認められる場がある」〔新聞としてまとめ掲示する。パンフレットを作る。ポスターセッションをする。ディベートをする。集会で表現する。〕など）を職員が、授業や行事に積極的に取り込むよう働きかけることが大切である。

２ 「実践力」の基礎としてコミュニケーション能力を育てる

「他者との対話を通して解決できるような実践力」の「他者との対話」を考えたとき、小学校での「友達と協力して物事を成し遂げた充実感」がその基盤となる。友達と協力することの良さを体験した子どもは、自分を大切にするのと同じように他者も大切にしようとする。そして、互いの存在を認め、協力しながらよりよい生活を築こうとする。このように、他者との交流・協力が、うれしい、楽しい、充実した経験として蓄積されていることが、他者を信頼し、共に課題を解決しようとする態度を育てる。また、他者との協力を通して課題を解決するためには、「説明する力」や「聴く力」「質問する力」「修正する力」「まとめる力」などコミュニケーション能力を高めなければならない。学校は、他者の存在を認め、他者と協力して行動することが常に行われているところである。学校での授業や行事では、効率的にそれらの能力を磨き、高めることができるよう努める必要がある。

校長は、コミュニケーション能力を高める要素（「探求方法の一つとしてコミュニケーションが位置付けられている」〔本で調べる、専門家に聞く、実験をする、と同様に、意見交換で考えを広める・深める・修正するも追求の一方法としてとらえている。〕、「話し方のスキルが身に付く」〔発表時に教師から話し方の助言がある。自分の考えを説明する機会が多い。ショウ&テルなど理解されやすい話し方のスキルがある。〕、「子どもの考えが変わる」〔意見交換することにより視点が広まる、考えが深まる、考えが修正される。他の子どものプレゼンテーションで自分の考え方の視点が変わる。〕、「協力して生み出す」〔グループでプレゼンテーションする。互いのプレゼンテーションに助言し合う。〕など）が、職員間で話し合われ、子どもたちの実態に応じた指導がなされるように働きかけなければならない。

３「新たな知」を生む基盤をつくる（子どもの居場所をつくる）

学校は、「新たな知」も含め、子どもの可能性を伸ばす場所である。子どもの可能性を伸ばすためには、学校が子どもにとって身体面でも精神面でも安心して活動できる場所であることが必要である。子どもは、安心して活動する中で自分を取り巻く環境に興味をもち、積極的に環境に働きかけようとする意欲をもつようになる。さらに、集団の中で自分が認められているという自覚をもてたとき、より自分を高めようとする意欲が生まれる。

学校は、子どもたちにとって「集団の一員として認められていると自覚できるところ」、「集団に必要な一員とされていると自覚できるところ」でありたい。学級や同じ学年での自分の存在、また、部活動、クラブ活動、清掃班、登校班等での自分の存在が認められていると自覚しているとき、「自分らしくしていい」また「仲間が支えてくれる」という安心感をもち、その子らしく成長する。

校長は、子どもたちの学校生活が、子どもたちの居場所であるための条件（「学級の居心地がよい」（言葉の暴力、仲間はずれがない。話をする友達がいる。担任の指導が納得できる。元気に挨拶をし合う。）、「学校に来る楽しみがある」（自分に任された役割がある。興味・関心をもって活動できるものがある。目標をもって頑張っているものがある。いいところを褒めてくれる。）、「不登校傾向に対する対応が早い」（休みが続くと家庭訪問をして声を掛けてくれる。困ったときに相談に乗ってくれる先生が何人かいる。教室に入れないとき，別に学習する部屋がある。）、「子どもの健康安全を考えている」（物が整頓されていて安全である。うがい・手洗いをしっかりさせている。疾病に対する予防策を実践している。）など）を職員と具体的に出し合い、検討し、共通理解を図るなど、学校が子どもたちの居場所となる努力をしなければならない。

三　「新たな知」を育む学校体勢を創る

1　校長としてのビジョンを示す

学習指導要領は、八十年代の「社会人として生きていくのに必要なことは全て学校で教えるという考え方」から、「生涯にわたって学び続ける力を付ける」、さらには「思考力・判断力・表現力その他の能力の育成という能力項目の導入」という過程を経てきている。これは、社会の変化があまりに激しく、現在の知識・技能がそのままでは通用しない社会が未来にあるとの前提に立っている。

一方、子どもを取り巻く環境の変化により、子どもたちの基本的生活習慣の乱れも指摘されている。健全な精神と健康な体を基盤として、「新たな知」をもった社会人を育てなければならない。そのためには、これまでに培ってきた教育の伝統と、これから必要となる能力を生む教育活動のバランスのとれた学校経営が必要となる。

校長は、地域の実態や家庭の実態、子どもたちの実態をもとに、目の前にいる子どもたちが大人になったとき社会人として生き抜いていくために、今、必要なものは何かを職員とともに吟味し、大胆に教育課程を生み出していく学校体勢を創らなければならない。

2　学校組織を活性化させる

校長が示した方向性や目標を実現するためには、各職員が自分の役割を自覚していることが大切である。また、担っている役割が全体のどの位置にある役割なのかを理解していないと、効果的な働きができない。各職員の役割に対する自覚を高めるため、役割を明確にするとともに担っている役割をどう果たしてきたかの評価を節目ごとにすることが必要である。職員が、共通の目標をもち、一丸となって実現しようという意識が育っていれば、職員同士が互いにアドバイスし合い、節目ごとの評価が、充実感・達成感につながる。そして、自分たちを高め、質の高い取組をしようとする意欲を生む。そして、この意欲が取組をより具体的にしたり、より効果的なものにしたりする。このような循環が生まれるよう校長が先頭に立って、職員の取組を認め、職員が互いに認め励まし合う組織となる努力をしなければならない。

また、職員それぞれがもつ個性を組織で生かし、戦力とするのが校長の役割である。校長は、校務分掌を任せることで個を生かしたり、職員の組み合わせでそれぞれを生かしたりするなど、分掌決定など、組織を形成する上での工夫に力を入れなければならない。そして、職員が各自の個性をどう生かしていけばよいかをアドバイスしたり、先輩が後輩のアドバイザーになるシステムを学校に取り込んだりして、個を生かした組織作りに心掛けなければならない。そして、各自がその個性を更に上のレベルに高めるよう支援したい。職員一人一人が、自分の個性に自信をもち、更に高め組織で生かそうとしたとき学校組織が生きたものとなる。

四　おわりに

現在の社会も大きく変化している社会であり、今、私たちは社会人として未来をどういう社会に変化させるかを決定しながら生活している。未来の社会は、現在からつながっている社会であり、私たちは、継承してきた社会を、子どもたちに価値ある社会として引き継ぐ義務を負っている。また、同時に子どもたちに未来社会で「生きる力」を育む義務も担っている。

小学校段階で、子どもたちに内在する好奇心・探求心を刺激し、たくましく自分の環境に関わっていく精神を培っていくこと、また、他者との生活を通して他者と協力することのすばらしさを味わわせ他者への信頼感を育てることが、未知の社会で「生きる力」を育むことになると考える。これらの力を育むためには、学校は、子どもにとって自由に自分の可能性を伸ばせる場所でなければならなく、そのため学校は、職員が一丸となって、組織的に機能するところでなければならない。

校長は、「新たな知」を分析することや「新たな知」を育む方法を考えることが、学校にとって重要な課題であることを職員に発信し、全職員で未来を生きる子どもたちを育てようとする学校を経営しなければならない。

実践事例

1　新たな知を拓く日本人の育成を図る校長の役割

明るく、厳しく、寄り添う学校経営について

群馬県高崎市立桜山《さくらやま》小学校長

高　井　郁　朗

〈本校の概要〉

桜山小学校は、群馬県高崎市北部に位置する。高崎市街地や前橋市にも近く新興住宅地が多い。児童数増加により堤ヶ岡小学校から分離し、平成二十一年四月に開校した。児童数六百三名、職員数四十八名の大規模校である。教育目標は、「豊かな知性と感性をもち、健康でたくましく生きぬく児童を育成する」。校舎のデザインはモダンでオープンスペースを取り入れた広い校内には展示スペースがゆとりをもってつくられ、美術館のような雰囲気を醸し出している。「伝統は少ないが、未来はたくさんある」をモットーに取り組む。

一　はじめに

1　子どもの身体は未来でできている

私はいろいろな機会に、「子どもという存在は、なぜ素晴らしいのか。それは、子どもの身体のほとんどが『未来』でできているからではないか。」と述べている。

子どもたちには、どの児童も、一人一人夢と希望がある。

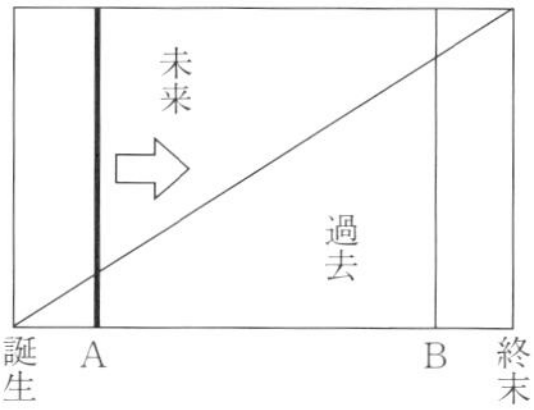

こんなことを考えた。この図は私の考えである。Aの時点は子どもの時代である。身体の成分のほとんどが未来でできている。Bの縦線は私たちである。ほとんどが過去である。未来の分量は少なくなっているが、未来の質を高めれば充実する。それが大人のよさかもしれない。大人（教師）の強みは、過去という経験である。そして、再びAをご覧いただきたい。子どもは希望そのものであ

る。だから尊い。私の学校経営の考え方の基本は、この「未来のある子どもを尊重する」ということにある。

二　目標を立てる

1　教育の目的と目標

私がまずこの学校に赴任し実行した役割とは、学校教育目標を見直して自分なりの解釈を加えたことである。

ところで、目的と目標はどう違うのか。目的は到達を目指すところ、目標は目的を達成するための道しるべである。教育の目的は、「人格の完成を目指し」と教育基本法の第一条にもある。そして、その道しるべとなるように、本校の学校教育目標では、次のように掲げている。

学校教育目標

「豊かな知性と感性をもち、健康でたくましく生きぬく児童を育成する」

一　本気で勉強に取り組む子
二　考えて行動する子
三　心身ともにじょうぶな子
四　思いやりのある子

2　私たちが桜山小学校の子どもたちに教えていくこと

今を生きていくとき、また、これからを生きていくとき、大切にしなければならないことが三つあると私は考える。これは教師になってからずっと思っていることである。この三つを大切にすることで学校教育目標が達成できると解釈した。これは最初に、「明るく」ビジョンをもって教職員と子どもたちに説明している。

(1)自分を大切にする。（学校目標の一と二に関連）

自分を大切にするとは、今やらなくてはならないことをしっかりやり、「あきらめない。」「投げ出さない。」「自分を磨く。（知・徳・体）」ということである。また、時間を守り、時間を大切にすることである。だから、自分に甘い、自分だけよければいい、ということではない。

(2)まわりの人を大切にする。（学校目標の二と四に関連）

これは人間として互いに高め合い、立派に生きるために、是非必要なことである。

友達や一緒に学校生活をする仲間やまわりの先生方を大切にするということである。そして、これまで育ててくださったお家の人を大切にするということである。

まわりの人への「思いやり」は、人間として成長する素晴らしい「想像力」である。

(3)物を大切にする。(学校目標の二と四と関連)

物には心があり、魂があると言われている。物に感謝する心は人間を成長させる。例えば、給食でおいしいものをいただくというありがたさに感謝する。美しい自然や環境を大切にし、学校の設備や身の回りの物を大切にする。そして、行動で表すため、感謝の気持ちで掃除をする。後片付けをする。

三　職員との共通理解

1　私たちの桜山小学校の組織として大切にしたいこと

組織をまとめる校長の役割として、職員と共通理解する心構えや覚悟など、次の三つを示した。これは組織としての「厳しさ」でもある。

(1)協働　「協」という字のごとく、「力」が三つ集まり、さらに「十」倍になる。「働」という字のごとく、「人」がそれぞれの役割で組織的に「動く」。児童のために、みんなで力を合わせる。「チーム支援」をする。このようにしてみんなで力を合わせ教師力を磨き、学校力を高める。

(2)危機管理の「さしすせそ」

さ↓最悪の事態を想定して
し↓慎重に
す↓すみやかに
せ↓誠意をもって
そ↓組織で

児童の健やかな成長を基準に、知恵を出し合って対応する。

(3)危機管理意識の向上(ハインリッヒの法則から)

一件の重大な事故は突然起こるものではない。「ハインリッヒの法則」にもあるように、私たち校長は日常の何気ない変化や異常を敏感に察知しなければならない。特に近年は、いじめ問題の防止や防災教育にも十分配慮しなければならない。

平成二十三年三月十一日に発生した東日本大震災は、私たちに様々な意味で大きな警鐘を与えた。限りある資源をどのように使っていくのか。人々が協力し合い、社会と関わるとはどういうことなのか。生命を守ることの本当の大切さなど、私たち日本人は、あの多くの犠牲を確実に後世に伝え、生かしていかなければならない。

学校の危機管理は、問題が小さなうちに解決することが必要である。そしてより大切なのは事故が起こる前に訓練や予防をしておくことである。

子どもたちの安全安心を確保した学校という舞台の上で課題意識をもちながら、確固たる教育ビジョンをもって教育活動を進めていかなくてはならない。

2　これからの本校の十の課題

次に職員には本校の課題を示した。これは、校長としてできるだけ短期間に取材し、状況を把握して考えなければならないことだと思う。

①児童に教科等の基礎・基本の確実な定着を身に付けさせる。
②よりよく生きるための豊かな心を育てる。
③児童が思い切り学べるよう学習環境を整え協働体制を充実させる。
④児童に家庭学習や読書の習慣を身に付けさせる。
⑤これからの行事に向け、準備とねらいの達成に努める。
⑥授業を見合ったり話し合ったりして互いの教師力を高める。
⑦一人一人の児童への声かけをして意欲を育てる。
⑧保護者の願いを受け止め、コミュニケーションを大切にする。
⑨六年間を見通した小学校教育を充実させる。
⑩本校の特色ある校舎をよく使いこなす。

四　チームワークでの実践

1　課題解決の実践を四輪駆動の車に例えると

子どもの健やかな成長のため、学校・家庭・地域と連携し、「職員に寄り添い」この課題解決を実行していく。

私は、年度初めにこんな想像をした。自校の教育を大きな四輪駆動の車に例えてみるのである。

まず前輪の大きな右タイヤは「子どもたちの自主的な学習」である。小学校のうちに、意欲をもって何でも本気で取り組む子を育てていく。教育課程の編成は職員のアイデアを取り入れる。本年度は探究的な朝自習として

「Ｓタイム」を導入した。

次に前輪の大きな左タイヤは「私たちの創造的な教師力」である。子どもたちの授業や教育活動が充実するように教師集団で高め合っていく。特に本校では、若手教員を私たちベテラン教員がＯＪＴ（校内における人材育成）として育てていく活動がある。この写真は、若手教員の自主的な研修組織である「メンターチーム」と校長が共演した人権講話である。

そして、後輪の大きな右タイヤは「家庭との協力」である。家庭で子どもたちが「早寝、早起き、朝ご飯」などの基本的生活習慣を身に付け、家庭学習にもがんばれるよう後押しをしていただく。

そして最後に、後輪の大きな左タイヤは「地域の皆さんの協力」である。登下校の交通安全パトロールなどでは地域の方々に本当にお世話になっている。また、本年度から地域の力を借りて、放課後学習（さくらベンチャー）にも取り組んでいる。算数で希望者が対象であるが、指導者は地域の方や保護者の「まる付けボランティア」の協力である。

このようにして、四つの力強いしっかりしたタイヤを付けて、学校が子どもたちの健やかな成長、つまり、知・徳・体のバランスのとれた「生きる力」の育成に向かって進んでいくという構造を分かりやすく示すのである。

２　自分も良くて相手も良い。前向きな考えを常に発信

「朝礼の話」や「学校だより」は、校長としての前向きな考え方を説明するよい機会だ。しかし、いくらためになる話でも、相手が受け入れてくれなくては浸透していかない。馬を池のほとりまで連れて行くことはできるが、水を飲ませることは難しいと言われる。

私たちは、毎日、人とつながりながら、いろいろな行動をとっている。私の信条は、毎日毎日を一生懸命、しかも楽しく過ごすことである。「自分も良くて、相手も良い」これが一番いいと思う。「自分は×、相手は○」これは、自己犠牲である。「自分は良くて、周りの人は

不快」これは傲慢である。「自分は楽しくなく、周りの人も楽しくない」このような活動があったとしたら、内容を改善すべきだ。自分を大切にし、周りの人も大切にする言葉かけ、行動をとりたいと思う。

五　おわりに

「明るく、厳しく、寄り添って」これは私が校長になったとき、先輩から教えていただいた言葉である。校長の役割はまさにこれである。

さて、本校の学校経営に取り組んで、ここまでやってきたことをまとめてみた。

①子どもたちに基礎・基本を確実に定着させるための授業改善に職員が取り組んだ。特に、校内研修で「自ら考え表現する児童」を育成しようという目標を掲げた。表現力を育てるには基礎的な知識や技能を身に付けた上で、考えたり判断したりする力も必要である。授業を研究し、授業で知・徳・体をバランスよく育成した。

②本年度も「いじめ根絶宣言」を行った。いじめ問題は全校で取り組み、根絶を目指す。特に本校は相手の気持ちを考えたり、友達のよいところを認めたりすることを大切にしている。そして、思いやりの心を育てる、年間を通した計画的な取組を充実させた。

③「展示見学」の活動が更に定着した。美術館のような特色ある本校の校舎や施設を生かし、展示方法や掲示物を工夫した。日常的に豊かな感性をもち続けるような学習環境を工夫した。

④家庭学習の習慣を身に付けさせたり、読書を推進したりすることは本年の課題にも挙げられていた。特に図書館教育に力を入れ、日常的に家庭学習や読書の習慣を身に付けさせるよう取り組んだ。

⑤本校には「なかよしタイム」がある。低学年の児童の面倒を高学年の児童が見ることや、高学年への目標とあこがれをもたせることを重視している。またその先の夢をもつキャリア教育にも取り組んだ。

⑥職員の中に若手教員が増えてきた。若い先生を職員みんなで育てていこうという趣旨で「メンターチーム」という研修の機会をつくり、職員全員で教師の力量を高め合っている。若い世代に引き継ぐ校長の役割は大きい。

2　新たな知を拓く日本人の育成を図る学校づくり

確かな知と豊かな心を育むための校長としての役割

広島県東広島市立西志和《にししわ》小学校長
（前東広島市立郷田《ごうた》小学校長）
讃　岐　尚　芳

〈本校の概要〉

前任校（郷田小学校）は、東広島市の南西、標高約二百五十メートルの賀茂大地に位置し、校区の北東には広島大学キャンパス、賀茂テクノポリスと研究・学術の拠点となっている。一方、学校の西側には水田が広がり、昔ながらの農村風景が残る。学級数十四学級、児童数三百五十名の学校である。

教育目標「優しい心をもち、進んで学び、たくましく生きる児童の育成」―二十一世紀を担う社会性を身に付けた児童の育成―の具現化に向け、知・徳・体のバランス感覚に満ちた児童の育成に努めてきた。県教委より小・中の学びの一貫性を図るための学力向上の指定を受けている。

一　はじめに

本実践は平成二十四・二十五年度、前任校での取組である。

本校は、全体的に素直で活発な児童が多い。学力面から見ると、一方では確かな学力を身に付けている児童も多いが、他方、基礎的・基本的な内容が十分身に付いておらず継続的に個別指導を要する児童も少なくない。保護者の学校教育に対する関心は高く、協力的で学校行事等への参加は多い。しかし、主に放任を内容とする児童虐待に近いケースや、担任との信頼関係が保ちにくく、教育活動について疑問を投げかけたり苦情を持ち込んだりするケースも多々ある。教職員は、三十歳前半までの比較的経験の浅い職員と五十歳代の職員とで全体の七割を占め、次期主任候補となる中堅の世代が少ない。このことは、ベテランの授業をできるだけ若手に見せ、その中で、今後教育に携わるに当たっての様々な知恵の伝達が必要であることを示している。

広島県においては、全国学力・学習状況調査が行われる以前から、主として国語科と算数科の基礎的・基本的な内容がどれだけ児童に定着しているか、県独自の調査を行い、その結果を学校全体で分析し、学力の定着を図るための授業改善計画を作成し、その計画に基づいた取組を行っている。私が本校に着任する前年度の県調査結果は、ほぼ県平均を保っていたものの、児童が進学する中学校区（小三校、中一校）全体としてみれば県平均を下回る教科も見られた。また、生徒指導上の問題行動件数も他の中学校区より高い数値であったことから、主として学力向上に向けた授業改善と道徳教育による積極的な生徒指導の両面を推進していくことが急がれ、複数年にわたって県の指定校となった。

二　学力向上に向けた取組と校長としての指導

本校では、主として算数科の教科研究を進めることで学力向上に向けた授業改善に取り組んだ。授業ではもちろん数量的な思考力を向上させていくため、自力解決から練り上げのための集団解決の場も取り入れていったが、時には一時間の中で練習問題や応用（活用型）問題も含めて数多くの問題に当たり技能の習得を図ることも必要である。また、家庭学習の中に学年に応じた算数の予習学習を全学年に取り入れた。授業のスタート時点での児童の状態を「本時で学んでいく内容について、児童が生分かりの状態にあること」とし、まず、基本問題を考えていく中で「あらかじめ教師の側から必要な事柄を教える」こと、教えたことは活用問題で定着を図るとする指導過程も、単元やそのねらいによって取り入れた。

また、小・中一貫教育の観点から小・中共通指導事項を定め、「授業スタイル」として各小・中学校で日々の授業の中に取り入れた（次頁表参照）。

校長としてこれらの「予習から入り、教えて考えさせる授業」「小中共通授業スタイル」を授業の中に定着させていくことが大切だと考え、授業観察後の指導はこれらに基づく評価と改善を指導者に示すようにした。また、公開授業の前には必ず模擬授業を行わせ、校長も参加して実際の授業により近い状況の中で、指導計画全般にわたって助言を加えるようにした。

さらに、今日的課題とも言える通常の学級における

小中共通授業スタイル

平成２５年度版

		１・２年生	３・４年生	５・６年生	中学校
授業前	準備	**チャイムとともに授業をはじめる**（準備はそれまですませておく）			
授業中	あいさつ	**立　腰　・　瞑《めい》　目《もく》（目を閉じて）　・　お願いします！**			
	つかむ	**学習のめあてをノートに書く**			
		教科書を声に出して読む			
	考える〔考える力，自分で判断する力〕	**書くこと**			
		理由をつけて、自分の考えを書く	**根拠**（そのように考えた理由）**をもとに，自分の考えを書く**	**根拠をもとに，筋道を立てて自分の考えを書く**	**言語技術を活用して，読み手に分かりやすく書く**
	深《ふか》める〔自分の活躍の場と友達の話を共感的に受け止める力〕	**聞くこと**			
		話す人を見て，うなずきながら聞く	話す人を見て，自分の意見と同じかどうか考えて聞く	自分の考えと比べながら，そして，自分の考えをまとめながら聞く	相手の発言の意図を考え，自分の考えと比較しながら聞く
		話すこと			
		主語をつけて，最後まではっきりと話す	相手や目的に応じ，理由や例をあげて話す	相手や目的に応じ，事実と感想，意見を区別しながら話す	発言をつなぎ，根拠をあげながら，言語技術を活用し分かりやすく話す
		話し合うこと			
		付け加えたり，質問したりする	お互いの共通点やちがいを理解する	お互いの共通点やちがいを考え，整理しながら理解する	お互いの共通点やちがいを認め，話をつなぎ，自分の考えを話す
	まとめる	**今日の学習のまとめと振り返り**			
	〔分かった・できた〕	分かったことをノートに書く	分かったことや考えたことをノートに書く	分かったことや自分の考え・疑問をノートに書く	学習の成果や課題がよく分かるようにノートに書く
	振り返り	勉強が分かったかどうか	勉強が分かり，授業に自分から参加したかどうか	今日の勉強がよく理解でき，次への見通しがもてたかどうか	学習内容をよく理解し，自己の課題や次の見通しが明らかになったかどうか
	あいさつ	**立　腰　・　瞑　目　・　ありがとうございました！**			
授業後	片付け	片付けて、次の時間の準備をする			
	家庭学習	宿題はていねいに毎日する・できるだけ次の時間の予習をする			

特別支援教育の指導方法を導入し、例えば、教室は最小限度の掲示にとどめる、色チョークの使い方に配慮する、壁面にはその単元の学習の道筋が分かるものを提示すること、児童の表情を見ながらゆっくりと発問することなど、研修したことが学習の中で取り入れることができるように指導した。

三　道徳性を育むための取組と校長としての役割

道徳教育は各教科等の特質を生かしながら、全ての教科・領域において道徳性を育て、道徳の時間はその「要」として、それぞれの教科等で学んだことを補充・深化・統合し、道徳的価値の自覚を図っていく中で、児童一人一人が自己の生き方や考え方をじっくりと問いつつ、未来を拓くための実践力を身に付けていく時間である。それは、自己を見つめる中で事物の本質について考えていこうとする力、何事にも前向きにねばり強く主体的に取り組んでいこうとする意志や態度、豊かな感性を育むことにつながり、生きる力の諸要素である確かな学力やたくましい体の土台となるものである。

本校においても、道徳教育推進教師を中心に、全体計画や指導計画の作成、日常的な道徳の時間のコーディネート、道徳的環境の整備に全教職員で取り組んでいる。

本県にあっては、平成十四年に県民総ぐるみで道徳教育を推進する機運の醸成を目指すという目的で「豊かな心を育むひろしま宣言」、言わば道徳教育宣言が県教育委員会から発信された（次頁参照）。

道徳の時間の授業をねらいに沿い、活性化させていくためには、まず、ともすれば「道徳の時間はこうでならねばならない」という、教師の固定概念での資料本の中の主人公の心の動きや気持ちを考えるだけの道徳から脱却する必要があると考えた。本時のねらいに迫るための中心的な発問をこれまで以上に吟味していくこと、その中では判断や行動を問うよりも、そう考えるに至った子どもの個々の思いを引き出し、集団の中で話し合わせていく流れを大切にしたいと考えた。そこで、「しなやかさ」を大切にしていくことを話してきた。しなやかさとは、芯（本時のねらい）はしっかりもっておくが、子ど

豊かな心を育むひろしま宣言

感じていますか　子どもたちの「心の元気！」
すべての子どもたちが生き生きと夢や希望を語ること
社会の一員としての自覚を持ち、たくましく成長していくこと
それが私たち大人の願いです
しかし、子どもたちをとりまく現実はどうでしょう
悲しい出来事は後をたちません　ルールを守る意識は薄れています
まじめや努力を軽んじる風潮も広がりつつあります
私たちは無関心でいることを寛容であることと勘違いしていないでしょうか
生き方を語ることを敬遠していないでしょうか
生命を愛おしむ　人とともに歩む　自分らしく心を輝かせる
道徳を教えることは生き方を語ることです
自分を見つめ「心の元気！」を育てる力となります
道徳を教えることにためらいはいりません　私たち大人の大切な仕事です
さあはじめましょう　学校・家庭・地域で力を合わせ、子どもたちの「心の元気！」を育てることを

もの心の動きに沿った柔軟的な対応と考える。そのためには、中心発問（開かれた発問）に対して児童個々に思いが生まれるための時間の確保が必要である。その結果、それまでの状況を問う発問（どちらかと言えば閉じた発問）はできるだけ控える。子どもの発言の背景にあるものは何か、を教師が思いを巡らせることが大切である。このことを研修の中や授業観察後に指導してきた。また、教師が人間として大切だと考えることについては、はっきりと児童に伝えていくことが大切であるとも指導した。

教師には一人一人の持ち味があり、個々の特質を生かした道徳授業の展開を大切にしたいと考える。つまりは、子どもの視点に立って資料を吟味することが得意な者、資料提示や板書において工夫や仕掛けを用意する者、中心発問後の子

どもの心の動きを数多く想定し、考えの違いに注目し、そこから新たな話し合いに発展させていくことのできる者、教師の貴重な体験を終末の段階で説話する者、等々、それぞれが持ち味を生かし、児童の心に響く道徳授業を考えていくようにした。そのため、自分自身が実際の授業を教師の前で何回もやってみせた。どれをとっても決して良い授業とは言えなかったが、それでも、教師にはこれまでと少し異なる授業展開を見たことで道徳授業に対する見方が広がり、教師のもつ道徳授業の引き出しが多少なりとも増えたのではないかと考える。

次に、平素から子どもの心に絶えず問いかけるような道徳的な環境を学校全体に醸し出したいと考えた。例えば、掲示物であるが、学校の校内にはそれぞれ多種多様な掲示物が貼られている。各種ポスター、校内行事等のお知らせ、習字や絵の児童作品、書・絵画や彫塑、学習の足跡が分かる掲示物、季節を感じさせるもの、委員会活動、注意事項一般、ＰＴＡからのもの……それぞれに目的があり独立しているが、掲示をした場合、トータルとしてそれは学校として何を大切にしているかが分かるものである。そうした中で私は「心のノート」（平成二十六年度からは「わたしたちの道徳」）の世界を校舎内に展開したいと考えた。つまり、「心のノート」のそれぞれを見開いたとき、子どもの心に投げ掛けられた言葉や文、写真やイラスト、ページ全体の色合いや構成、あるいは先人の言葉。これらは子どもが手にとったとき何を言わなくても自然と心に訴えかけてくるように練りに練ったものであると考えている。こうした「心のノート」の見開きの世界を校内のいたるところに掲示していくならば、子どもたちはそれぞれの掲示の前でしばし足を止め、読み入るようになる。例えば、高学年用で言えば「『ありがとう』って言えますか」では、感謝の気持ちが表現できるかどうかについて「はい」「いいえ」のボタンに触れるような掲示物を作成したところ、多くの押し跡が残されていた。この道徳的な掲示物については、①児童に対し問いかけのあるもの　②学校や児童の実態に合わせ文言や写真を変えていくこと　③できるだけ時期に合わせたものを掲示しサイクルを決めて取り替えること等について指示した。その結果、ほぼ全学年、全内容項目について掲示物を揃えることができた。

道徳教育に即効性を望むことはできないが、こうした道徳教育の積み重ねを続けていくことにより、児童の心の中に、ほんのりとした灯りのように道徳性のともしびが生まれてくると考える。教師にとっては道徳の授業は大切であるととらえ、自己の指導の引き出しを少しずつ増やしていくことができると考える。

四　おわりに

学力向上に向けた授業改善と、学力等を支える道徳性の育成という両面の取組をこの二年間続けてきた。研究としての深まりという点では確かに物足りなさを感じた職員もいたが、私たちは研究を目的として日々の教育活動をしているのではなく、研究は児童一人一人の力を伸ばしていくための手段である。今、目の前にいる児童の将来を考え、適切な時期に必要な指導をしていかなければならない。当たり前の取組の中にこそ児童を伸ばしていく鍵がある。

3　新たな知を拓く日本人の育成を図る教員研修

望ましい教師像の具体化が研修の在り方を変えていく

富山県富山市立中央《ちゅうおう》小学校長　武島　浩

〈本校の概要〉

本校は、富山県富山市の中心部に位置する教職員数三十五名、児童数三百九十五名の学校である。三つの小学校の統合により誕生した本校は本年で七年目を迎える。

教育目標「心身ともに健やかで、自ら学ぶ力を身に付けた子どもの育成」の具現化に向けて、平成二十一年に富山市内でいち早くユネスコスクールとなり、持続発展可能な教育を推進し、『人にやさしい、自然にやさしい、地球にやさしい』を合言葉に研究を進めている。

そして、平成二十六年度から二年間、国語科を中心に主体的に言語活動に取り組む子どもの育成を目指している。

一　はじめに

七月、ワゴンプール（給食後の食缶等を一時保管しておく部屋）をのぞいたところ、食べ終わったとは思えない赤い部分が多く残っているスイカが多数あった。現代は、果実だけが小さくカットされて食べやすくなっているフルーツがスーパーで当たり前に販売され、コンビニエンスストア等の普及によりスイカに代わる冷たいものが手軽に買うことができる。また、家庭でスイカを冷やし、兄弟で争って皮の近くまで食べることは少なくなっている。スイカの食べ方からも、今日、子どもたちが激しく変化する社会の中で生活していることは明らかである。

さらに、子どもたちの気になる変化として、「ひと・もの・ことに関わって、喜怒哀楽を味わう機会が減り、現実的な感情が乏しくなっている」「目に見えるものへの関心は高いが、感じることに心を動かす体験が少なくなっている」「通信機器が発達し、間接的なコミュニケーション能力は向上しているものの、生身の人間との関係づくりが苦手になってきている」などが挙げられる。日々の生活の中で、自分の意思とは関係なく、自然や社会、文化の変化に、知らず知らず影響を受けているのは、子どもたちなのである。そして、その自然や社会、文化の変化に即して営まれるべきものが「学校教育」であり、変化が激しい今こそ、子どもたちの将来を見据えて教育について考える必要がある。

ところで、「新たな知を拓く日本人」とは、まさに急速に変化していく現代にあって、先に述べた気になる変化に飲み込まれることなく、力強く自分らしく生きる日本人を言うのではないだろうか。子どもの姿で語れば、「事実を基に自ら問いをもち、解決のために継続して努力する子ども」、「様々な情報を選択したり組み合わせたりしながら、適正に判断し納得できる考えをつくる子ども」、「他者との良好な関係性の中で、自分自身を見つめることができる子ども」、「健康で体力があり、基礎的な知識を目的に応じて使いこなすことができる子ども」などである。これらの子どもの姿は、バランスのとれた成長を子どもに願う本校の学校教育目標「心身ともに健やかで、自ら学ぶ力を身に付けた子どもの育成」という言葉に集約されることとなる。

さて、それでは、どのような教師が、望ましい子どもへの成長を支えることができるのか。

本校の教職員は三十五名、そのうち教壇に立つ教員は二十一名（養護教諭・兼務者を含む）、平均年齢は四十一歳である。四十歳以上が十四名、三十二歳以下が七名であり、ベテラン・中堅と若手の年齢構成はバランスのよいものとなっている。そこで、平成二十六年度は、望ましい教師像を、『子どもの成長に夢をもち、意欲的な教師』と置き、その具体的な姿として次の三つの姿を掲げることにした。

①多忙感にとらわれることなく、常に前向きな姿
②問題解決的な学習を志向し、工夫して楽しむ姿
③学校・学年・学級の文化を生み出そうとする姿

望ましい教師像から、目指すべき姿を具体化することで、教員研修のねらいと内容、そして、方法がより明確になると考えた結果、平成二十六年度は、次の三つの研修を継続して行っていくこととした。

1　管理職が直接指導し初任者を育てる研修
2　若手教員が自ら求めて主体的に学ぶ研修
3　中堅・ベテランと若手が一体となる研修

二　管理職が直接指導し初任者を育てる研修

配置された初任者を育てていくことは、配置校の使命である。また、管理職が初任者に直接関わり、成長を願って指導していくことは、学校経営上のプラス効果を生み出していく。それは、この管理職には、初任者を育てようという意志があることを示すだけではなく、育てるための様々な働きかけが、学校の中に初任者と共に学んでいこうとする雰囲気を醸成していくからである。

校長は自分が今まで行ってきた授業の映像記録（五年生体育科、四年生国語科、三年生社会科等）を紹介した。初任者に対して、授業公開とその記録の振り返りが授業力を高めていく方法の一つであることを示すためである。その結果、初任者は自主的に授業を公開し、「公開することは、多くの学びを得る機会になる。」と語るようになった。

また、「学級経営について」、「問題解決的な学習について」など、初任者が学ぶべきことをメッセージとしてプリントにしたものを配付している。初任者は、そのメッセージの中から、学級づくりには特別活動の推進が必要だと読み取り、「全員が楽しい学級お楽しみ会」の企画と実践を子どもたちに委ねた。そして、企画・実践の過程で生まれた様々な問題を子どもたちだけの力で解決するように導こうとするなど、メッセージから受け止めたことを自分なりに生かそうと努めた。今は、子どもたちの確かな成長を実感し、より良い学級づくりの進め方を常に模索するようになっている。

一方、教頭は、専門である体育科の授業づくりに直接関わり、ハンドボール型ボールゲームである「パスゲーム　―つなげよう○○―」の教材開発を指導し、全授業の公開を支援した。体育科の学習のスタートには、子どもたちの主体性を尊重すればするほど、その枠作りとしての授業の約束が大切であることを指導している。また、実際の授業から体育科の授業展開の留意点を丁寧に指導

ボールゲームの様子

し、子どもたちがボールゲームの楽しさとチームづくりの難しさを実感するように授業を構想し、展開していく楽しさと厳しさを伝えている。

管理職が経験を生かし、初任者に直接関わり指導することは、初任者にとって、目指したい授業像が徐々に形成されていくことにつながった。また、初任者が意欲的に授業を公開することは、他の教員にとって、授業公開が特別なことではなく、日常的なこととして受け止める意識変化になっていった。教員の中に、初任者へアドバイスをしようという気持ちが生まれ、若手だけでなく中堅・ベテランも授業の公開を計画するなど、研修への意欲が高まりつつある。

三　若手教員が自ら求めて主体的に学ぶ研修

四月から、三十二歳以下七名で自主的に運営する若手教員研修をスタートさせている。開催日とその内容も全て若手教員に任せての実施であった。今のところ「学習課題の設定」、「先輩の授業に学ぶ」、「授業研究の基礎・基本」について、自主研修を行ってきている。

「学習課題の設定」では、日頃の授業に関する悩みを自由に語り合う中から、学級の子どもたちが意欲をもって取り組む課題設定の難しさを共有し、授業のねらいに迫るために掲げる学習課題の言葉を、一つ一つ吟味するようになった。

「先輩の授業に学ぶ」では、国語科の五年生の授業を参観し、その授業の意味について実際の子どもの発言や表情等から率直な意見交換を行った。そして、教師の発問の仕方、子どもの発言の聞き方、グループ学習の在り方について話し合い、授業の進め方における教師の指導方法について詳細に考える研修となった。

「授業研究の基礎・基本」では、過去の授業ビデオを見ながら、子どもの実態から授業のねらい等を考えていくことの大切さを学んだ。研修後は、子どもの良さや可能性を実態としてとらえる必要性を確認している。

この若手教員研修は、若手が多忙感を抱く原因とならないように十分配慮している。校長、教頭等が入ることなく、自由な雰囲気の中で若手だけで時間を決めて行うことを原則とした。そして、日頃の授業の悩みや子どもの成長を語り合うなど、同じ学校に勤務する仲間としての「共感の感情」を育てていくことを第一とした。さらに、自分たちで研修を行っているという「自立の気持ち」を生み出していくことで、若手に前向きな姿勢が生まれている。事実、この若手教員研修でリーダーシップをとっている教員が、夏季休業中の全体研修会での提案を申し出るなど、若手教員研修は校内研修の活性化に大きな役割を果たしている。

若手教員による全体研修会の様子

四　中堅・ベテランと若手が一体となる研修

本校は、各学年二学級から三学級の編制で、中堅・ベテランの学年主任と若手が組む形となっている。この中堅・ベテランと若手の一体感を生み出す研修を進めるために、「少しずつ進める」「見通しをもって進める」という二つの進め方を教員が意識するようにした。

「少しずつ進める」を推進する理由は、行動を生み出しやすくするからである。日々の校務に追われ、研修へ意識が向きにくくなっている近年、行動という一歩を促すことで、研修の日常化が推進されていくと考えた。例えば、教務主任は、研修を少しずつ進めるために、「子どもの弱みと強みを書きましょう。」「国語の授業で一番大切にしたいことは何ですか。」などという簡単な質問形式の研修ワークシートを作成した。中堅・ベテランと若手が短い時間でも話し合い、このワークシートを完成させていくことで、指導案に書くべき内容が確かになり、授業のねらい等がはっきりしていくのである。各学年では、この研修ワークシートを活用しながら、日常的な研修を、機会をとらえて効率よく進めていくことができた。

一方、「見通しをもって進める」を意識することは、計画的な校務の推進と、学校、学年、学級の経営連携を図ることになる。さらに、多忙感を抱くことなく、子どもの成長と研修の充実が一連のものとして生み出されていくことが期待された。そこで、校長が提示した学年経営方針とその計画の提案資料サンプルを基に、各学年主任が資料を作成した。その作成された資料から、学年別に学年経営と研修の進め方を話し合っていくことで、学年経営と研修の見通しが生まれた。このことは、その学年らしさ（学年の文化）を創り出す契機にもなった。

研修は、学校経営の中で単独で存在し、様々な経営要素と無関係に進められていくものではない。このように学年経営との関連の中で、子どもの成長に夢とロマンをもち、日々の学校生活で、一体のものとして日常的に推進すべきものであると実感している。

五　おわりに

「学校は子どものために存在し、子どもの健やかな成長を願わない教師はいない」。このことは、どんなに時代が変化しようと揺るぎのない真実であると考えている。私たちは、目の前にいる子どもたちのために、日々研修に努め、資質向上を志向していかなくてはならない。

平成二十六年度は、学校経営の工夫の一つとして、望ましい教師像を具体化し、研修に努めている。今まで、望ましい子ども像を具体化することはあっても、子どもの成長に直接関わる教師の望ましい姿を具体化することは、ほとんどなかった。実際に行うと、その具体化の過程で研修内容と方法が明確になり、遅々とした歩みではあるが、着実に研修が進んでいるという実感を抱くことができる。

七月末に教職員を対象に実施した「学校経営振り返りアンケート」では、三十五歳以下の教員の九割がやる気があると答え、多忙感については七割が感じないと答えている。また、「明るい職場で、同僚性が高いと感じる。」「丁寧に指導を受けて、学んでいるという実感がある。」「自分のがんばりをいつも認めてもらっている。」などの自由記述も見られた。

今後も「子どもの成長に夢をもち、意欲的な教師」を望ましい教師像として掲げ、日々の教員研修を丁寧に進めていきたい。

第二章　新たな知を拓く日本人の育成を図る教育課程の創造

提言

新たな知を拓く日本人の育成を図る教育課程の創造

――知と知をつなぐ、カリキュラムデザイン力を――

北海道白糠町立庶路《しょろ》小学校長
辻川尚志

一　はじめに

二〇二〇年の東京オリンピック・パラリンピック開催が決定した。日本が再び活性化されていくことに期待感を高めている人も多いであろう。二十一世紀を迎えて以降、未来に向けた明るく夢のある話題が少なかった我が国であるが、久しぶりに若い世代の夢が膨らむ材料ができたのは、大変喜ばしいことである。同時に、日本におけるグローバル化の進展やそれに対応した人材育成が急務であるという声も一層大きくなっていくであろう。

一方、少子化・高齢化による課題の山積、情報化社会の急速な変化による人間関係の希薄化、価値の多様化や規範意識の低下など、我が国の社会が抱えている問題への早急な対応も求められている。教育の世界に目を転じれば、学力問題をはじめとして、いじめの問題や家庭教育力の低下、体力の二極化等々、こちらも対応すべき課題が多い。このような変化の激しい社会を豊かにたくましく生き抜くために、子どもたちは、どのような力を身に付けなければならないのか、また、そのために学校の教育課程はいかにあるべきか、その方向性について考えてみたい。

二「知」について考える

1　「知」とは何か？

現行小学校学習指導要領の総則では、『各学校において、児童に生きる力を育むことを目指し、創意工夫を生かした特色ある教育活動を展開する中で、基礎的・基本的な知識及び技能を確実に習得させ、これらを活用して課題を解決するために必要な思考力、判断力、表現力その他の能力を育むとともに、主体的に学習に取り組む態度を養い、個性を生かす教育の充実に努めなければならない。』とある。このことから、学校では、単に知識量を増やすのではなく、子どもがもっている知識・技能を活用させながら、新たな事象に能動的にはたらきかけ、新しい知識・技能を獲得させることが求められている。そして、子どもたちが主体的に知識・技能を活用していくには、新たな対象と知識・技能を結びつけるための「接着剤」的な存在として、「経験」が必要であると私は考えている。

子どもたちは、学習や体験を通して感じたこと、発見したこと、考えたことなどを知識・技能として蓄え、新たな事象に対して、今ある知識・技能と経験によって解決しようとする。そして、その活動を通して新たな知識・技能を身に付け、総合的な「知」となるのだと思っている。このように、知識量を増やすと同時に、獲得された知識・技能を活用して、物事を理解したり、思考・判断したりする力を伸ばす「経験」の場や機会を豊富に提供していくのが、学校の役割であり、多様な学習活動によって総合的な「知」が高まる教育課程の編成が、校長の役目であると考える。

2　新しい時代の「知」

平成二十五年四月に、中央教育審議会から答申された「第二期教育振興基本計画」では、四つの基本的方向性（ビジョン）とともに、今後十年間を通じて目指す教育の姿として『義務教育修了までに、すべての子どもに自立して社会で生きていく基礎を育てる』『社会を支え、発展させるとともに、国際社会をリードする人材を育てる』の二点が掲げられた。知識基盤社会の到来とともに、世の中は目まぐるしく変化している。子どもたちが、予測困難な社会で生き抜いていくためには、必要な知識や技能、判断力などを自ら獲得していかなければならないとされている。

また、近年、学力をはじめ様々な国際比較調査を実施している経済協力開発機構（ＯＥＣＤ）では、知識基盤社会を担う子どもたちに必要な能力としての主要能力「キーコンピテンシー」について最終報告している。それによると、新しい時代を生き抜いていくための必要な能力を『単なる知識や技能だけではなく、技能や態度を含む様々な心理的・社会的リソースを活用して、特定の文脈の中で複雑な課題に対応することができる力』としている。

現在の子どもたちが、「新しい時代」を生き抜いていく能力を身に付けるためには、既存の教育課程の枠組みにとらわれることなく、時代の変化に対応した視点も必要になってくる。つまり、新たな時代を生き抜いていくための「知」が求められる中で、新しい時代を見据えた多様で柔軟な教育課程の創造が必要だということである。

三　知と知をつなぐカリキュラムデザインを

1　グラウンドの中で育った「自立」

私ごとになるが、以前、野球少年団の指導をしていたことがある。強豪チームが一転、メンバーの入れ替えとともに弱小チームとなった時期にチームを引き継いだ。そのチームが、あることを契機としてチーム力を格段にアップさせていった。しかも、子どもたち自身の取組によってである。

事の発端は、練習時間前に子どもたちが練習道具をベンチ前にきれいに並べて準備したことであった。準備した理由は、きれいに並べることによって、練習時間を効率よく使うことができると考えたからであった。これを契機に、準備体操やキャッチボール、トスバッティングなど、毎日繰り返している練習を自分たちで工夫して、その効率性を上げていった。そうすることによって、自分たちの好きな野球の練習時間を増やすことができると考えたからである。その後も、他の練習方法を工夫したり、ボールを無くさないように工夫したりするなど、野球の技術以外においても工夫を続けていった。この積極的な姿勢が、練習を楽しいものにし、楽しい練習が彼らをグラウンドというフィールドの中で自立させていった。後にこのチームは、元の強豪チームに引けを取らない力を身に付け、結果を残し、その結果が自信となり、強くなるための更なる工夫を重ね、大好きな野球を心から楽しんだ。

子どもたちは、「野球」に対する様々な工夫の経験を重ねることで、「自立」していったのである。

２　「繰り返し」の経験と子どもの学びの自立

なぜ野球の話を？　と思われるであろうが、グラウンドを学習の場に置き換えて考えると、様々なことが見えてくる。先の野球の話を基にして子どもの学びの自立への流れをとらえてみると、次のように考えることができる。

①対象に興味関心をもつこと～何か工夫できることはないかな？　こうしたら、もっと楽しくなる。
②対象を好きになること～大好きであるからこそ、もっとやってみたくなる。工夫してみたくなる。
③新しい気付きや発見をすること～やってみたら効果的であった。でも、もっと工夫できそうな部分がありそうだ。
④知をつなげて思考すること～知っていること、経験していることをつなぎ合わせて工夫してみる。
⑤思考を重ねて工夫すること～工夫したことが、もっと工夫できないか考えてみる。考える楽しさ。
⑥取組が自立すること～誰に言われることなく、自分たちで目的をもって取り組む姿勢が生まれる。

野球の例を子どもの学びの自立に結びつけるのは少々乱暴であるとは思うが、子どもたちは、「繰り返し」の中で新しい発見をしていく。そして、繰り返すからこそ、「経験」を生かした新たな工夫を試みていくのである。この「繰り返し」による「経験」が、知と知をつなぐ「接着剤」であり、子どもの新たな「知」を引き出すための大きな原動力となって、子どもの学びを自立させていったと考えている。

3　同一の場におけるカリキュラムデザイン

学校における学習の場は、時間・場所・人・安全などの関係で限られてくる場合が多い。例えば、総合的な学習の時間で考えてみても、学年毎に多様な学習の場を設定することが難しい学校も多いと思われる。さらに、同じ場所での活動は、課題の発展性や多様性が見いだせないという考え方から、学習の場に苦慮している学校もあるだろう。

同一の場で各学年が学習活動を行うのは、同じ事の繰り返しのように感じられ、発展性や多様性が乏しいと考えられる。しかし、先の野球の例で触れたように、「グラウンド」、「野球」という同じ場、同じ取組であっても、子どもの知識量、経験知、課題のもち方、人的な関わりの変化等々によって、十分に有効な活動を組むことが可能であると考える。また、異学年の活動と関連をもたせ子ども同士の関わりを工夫することで、取組の内容が広がったり、深まったりすることも期待できる。このように、教師が活動の見通しをもって意図的な活動を仕組むことによって、同一の場においても多様な学習活動の展開を構想することができるであろう。学習の場にある様々な要件、成長や経験の違いによる目標設定、各学年の取組内容などを広い視点から見渡し、その場に適したカリキュラムをデザインする力を教師自ら磨き高めていくことが、知と知をつなぐ新しい時代の教育課程を生み出すために必要なことである。

四　各領域を関連させた教育課程の編成

1　知識・技能の定着と活用する力を伸ばすための工夫

学校教育における中心的な役割は、「学力」に代表される知識・技能の確実な定着である。各学校においては、日々の授業の工夫・改善に努めながら学習効果を高めることに積極的に取り組まれていることと拝察する。学校の規模や状況、子どもの実態に応じて、ＴＴ授業、少人数指導、ＩＣＴを活用した授業、教材開発、発問の吟味と精選、繰り返し学習の活用、さらには放課後の学習サポートなど学校教育活動のあらゆる時間を工夫・活用して、多くの学校で指導が展開されていることと思われる。

その際、留意しなければならないのは、単に学習事項の知識や技能を量的に身に付けさせることに腐心するのではなく、子ども自らが身に付けようとする「能動的な態度」を引き出すことである。また、指導計画を工夫し、子どもが、その学習内容に複数回立ち戻れるような仕組みを作り、知識の定着を確実に高めていくことも大切である。さらには、同一教科の授業の中で何度も振り返ることが時数的に難しい面もあるので、各領域を意図的、系統的に関連付けながら、身に付けた知識や技能を活用したり、結びつけたりすることができる教育課程の柔軟で多様な編成をすることが重要である。

知識基盤社会を生きていくためには、知識や技能の「量」を増やすことに力点が置かれるのではなく、それらを必要に応じて活用することができる力が求められる。現行学習指導要領の総則の解説の中でも、『確かな学力を育成するためには、基礎的・基本的な知識・技能を確実に習得させること、これらを活用して課題を解決するために必要な思考力、判断力、表現力その他の能力をはぐくむことの双方が重要であり、これらのバランスを重視する必要がある。』と記述されている。

したがって、知識・技能の定着のために繰り返し学習に取り組むことは大切であるが、それを様々な場面で子どもが活用できるように、授業を構築していこうとする教員の意識を醸成していくことも重要なことである。この点を授業実践の核として研究すること、そして、各教科・領域等で無理なくそれらを育成することができるような教育課程の編成をすることが必要であろう。

２　総合的な学習の時間の効能

かつて、「総合的な学習の時間」が創設された時、その授業の組み方や進め方などで、様々な試行錯誤が繰り返された時期があった。「体験」を重視して校外へ活動の場を求めたり、外部講師を招聘して子どもたちに学習に対する新しい刺激を試みたり、各領域の学習内容を関連付けて多様な活動を構成したりと、教師は、過去の経験を駆使し、新しい時代に必要な「学び方」の創出に心砕いた。「総合的な学習の時間」の意義を的確にとらえて積極的に取り組む姿と同時に、「支援」という言葉の下に「黙って見守る」ことを良しとした指導スタイルの出現もあった。しかし、現学習指導要領でも、総合的な学習の時間が創設された主旨や、考え方は重要であるとし、その学習の在り方を明確にした上でしっかりと残された。それは、総合的な学習の時間に培われる様々な力は、子どもたちが新しい時代を生き抜いていく上で必要な資質・能力を醸成するととらえられたからである。

幸いにも、これまでの「総合的な学習の時間」に対する多くの試行錯誤の中から、学校教育の全ての学習活動を有機的に関連付けて教育課程を編成することが必要であると考えられ、その考え方が当たり前のようにとらえられるようになった。このことは、新しい時代の教育課程を創造する際には、非常に有効な考え方である。

３　新たな枠組みの創出

近年、新たな枠組みとして小中一貫教育の考え方が台頭してきた。義務教育九年間を見通した教育課程の創造として、各地で取り組み始められている。文部科学省においても平成二十六年五月に、小中一貫校に関する方向性を示し、その取組を広めていこうとする動きが見られる。

一口に小中一貫校と言っても、施設一体型や分離型、併置型などその形態は様々であり、学年の区割りも四・三・二型、五・四型など、それぞれの学校で編成されている教育課程も多種多様で、その地域の実情や特性などに合わせた構成となっていることが多い。なかでも、現在、注目されつつあるのが、施設一体型の小中一貫校である。土地や施設、人材などを有効活用し、教育の効率化と多様化への対応を模索し、一定の成果をあげている学校も見られる。いずれにしても、小中一貫教育では、九年間にわたって同一の学習の場で学習活動が行われることとなる。

本校においても、現在、施設一体型の小中一貫校として開校すべく準備を進めているところであるが、九年間というスパンの中で、同一の場を生かした子どもたちの育成について検討している。解決すべき課題は多いが、一貫校としての長短を十分に理解した上で、有効な部分を教育課程の中に具体的に取り込み、子どもたちが「この学校でよかった」と思えるような学校づくりに向けて、カリキュラムをデザインしたいと考えている。

五　おわりに

知識基盤社会の中を生き抜いていくために必要な資質や能力は、簡単な言葉で置き換えることは難しいが、変化にも柔軟に対応することができる人材の育成など、具体的な「像」を描くことは可能である。一年後の社会の変化すら予測不能な時代にあっても、学校においては、子どもたちに夢と活力をもたせ、意欲的・主体的に物事に取り組んでいく子どもの姿を具現化していくことが大きな責務である。

校長は、流れゆく時代の中でも変化と不易を踏まえながら、これからの時代を生きる子どもたちに必要な知識・技能を確実に身に付けさせるとともに、「知」と「知」をつなぐ能力を育むための柔軟で、多様性のある教育課程をデザインする力を磨いていかなければならない。

1　新たな知を拓き　学力向上を図る教育課程

言葉を育てて学力向上を図る教育課程

奈良県磯城郡田原本町立南《みなみ》小学校長
橋　本　宗　和

〈本校の概要〉

本校は、奈良盆地の中央、やや南よりに位置する田原本町にあり、校区には『古事記』の編纂者、太安万侶《おおのやすまろ》ゆかりの「多《おお》神社」や秦氏ゆかりの「秦楽寺《じんらくじ》」がある。

児童数三百八十九名、十七学級の中規模校で、学校に対して、地域や保護者の期待は大きく協力的である。

本校の教育目標「たくましく 自ら学ぶ 心豊かな児童の育成」をより具現化するために「はきはき きびきび こつこつ ドカン！」の合言葉を全教室に掲示し、言葉を大切にした教育を進め、児童の学力向上を図っている。また、芝生の運動場を生かして、児童の体力向上にも職員一丸となって取り組んでいる。

一　はじめに

人は、人と人との関係の中で言葉を覚え、言葉を遣い、言葉によって思考する。語彙を増やし言葉を育てることは、思考力を高めることであり、子どもたちの生きる力を培い「未来社会を創造する力」を醸成する。

児童期の言葉の学習は、学力向上の礎を築き、生涯の言語生活にも大きく影響する。この時期に「読む・書く・聞く・話す」の言語活動を十分に推進し、言葉の力を高めることで、子どもたちの論理的な思考力や物事に対する正しい判断力が確かな学力として身に付くのである。

ここでは、言葉を育てて学力向上を図る教育課程について本校の実践事例を紹介する。

二　学力向上を図る教育課程の編成

次頁に示す「南小学校の教育」は、本校教育課程の全

南小学校の教育

田原本町教育目標	感謝の心でいきいきあいさつ　心豊かにたくましく生きる子ども
南小学校教育目標	たくましく　自ら学ぶ　心豊かな児童の育成

めざす学校像
- みんなでつくる学校【協働】
- 規律ある楽しい学校【規律】
- 豊かで潤いのある学校【潤い】

めざす児童像
- 自ら考え実行する子
- 根気よくやりぬく子
- 力を合わせて進んで取り組む子

めざす教師像
- 信頼関係を築ける教師
- 人権感覚豊かな教師
- 教育専門職として自己を高める教師

生徒指導重点目標

◎学校を美しくしよう
- 清掃活動　・トイレ清掃

◎あいさつをしっかりしよう
- 地域の人にも元気にあいさつ
- 「はい」「いいえ」はっきりと

◎チャイムとともに行動しよう
- 5分前行動

指導の重点
- 個に応じたきめ細かな指導
- 豊かな人間性の育成
- 確かな学力の育成
- 健康でたくましい心身の育成

教育の専門職として

◎笑顔・感謝・謙虚・丁寧・徹底
◎誉めて　認めて　励ます
◎アサーティブな人間関係
◎ポジティブ思考で児童を育てる

本年度重点課題
1. 言語・特別活動の充実
2. 読書活動の充実
3. 体力向上と食育の推進
4. 安全・防災教育の推進
5. 学校評価の充実

職員研修

【研究主題】「子どもが生き生きと取り組む学習をめざして」
- 特別活動　・群読発表会

1　言語・特別活動の充実

①聞く力	②話す力	③書く力
④読む力	⑤コミュニケーション力	
⑥書写力	⑦人間関係形成能力	

2　読書活動活動の充実
- 朝の読書タイム（火・金）
- 読書記録「100冊への旅」
- 読書感想文　読書感想画
- 「おすすめの本」活用推進
- 「お話配達便」（お話の会）

おはようで
　笑顔弾ける
ありがとうで
　頭が下がる
「ハイ」と
元気に
　返事をしたら
力が
　どんどん
　　湧いてくる
さようならは
　明日への約束
あしたへの
　ゆびきり

緑の芝生の上で
児童の学力向上
体力の向上に
真摯に取り組む

3　体力向上と食育の推進
- 芝生の上で体力作り
- （1）スポーツテスト・水泳指導
- （2）運動会・健康マラソン
- （3）なわとび
- 体育の授業の初め5分は、必ず走る
- 外遊びの推進
- 食に関する指導年間計画
- 正しい食事の在り方望ましい食習慣
- 「お弁当の日」の設定

人権教育学年重点目標	
1年	みんなと仲良く遊ぶことができる。
2年	自分が困っていることを仲間に言うことができる。
3年	相手の立場に立って、考えることができる。
4年	自分の思いをみんなの前で言うことができるとともに、相手の立場に立って考え、行動できる力を身に付ける。
5年	物事を深く観察し、生命の大切さに気付くと共に、ことの善し悪しを判断できる力を身に付ける。
6年	反戦平和、国際理解について理解を深めることができる。

はきはき　きびきび　こつこつドカン！

4　安全・防災教育の推進
- 校内救急体制の徹底
- 食中毒マニュアル
- 不審者による事件・事故発生時火災、自然災害時の緊急対応
- 警報発令時の対応
- 光化学スモッグの対応

ジュニアーズ班活動
SST・AT・SGE
『太安万侶を偲ぶ学びの道』
体験学習は生きる力に!

危機管理のさしすせそ	
さ	最悪を想定し
し	慎重に
す	素早く
せ	誠実に
そ	組織で対応する

5　学校評価の充実
- 自己評価
- 学校関係者評価
- 学校評議員制度の活用

児童月目標	
4月	友達となかよくしよう
5月	物を大切にしよう
6月	清潔で安全なくらしをしよう
7月	規則正しい生活をしよう
9月	運動会を成功させよう
10月	良い習慣を身につけよう
11月	体をきたえよう
12月	すすんで働こう
1月	寒さに負けない心と体をつくろう
2月	身の回りを美しくしよう
3月	1年間のまとめをしよう

体像である。町の教育目標『感謝の心でいきいきあいさつ 心豊かにたくましく生きる子ども』を育てるために、本校では「たくましく 自ら学ぶ 心豊かな児童の育成」を教育の目標として、言葉を育て人間関係形成能力を高め、安定した学校生活の中で学力向上を図っている。

1 人間関係形成能力を高める

人間は関係の中で生活をしているのであり、その関係性が良好であればあるほど生活の場は、居心地の良いものとなる。そのためにも、言葉を媒介として人間関係を構築していく力、すなわち、人間関係形成能力を高める指導を丁寧に進めていく。双方向の伝え合う活動を教育場面で推進するためには、共感的で受容的な包容力のある集団を育てることが条件となる。児童が衝動的な言動に走るとき、背景には不信感と不安感が渦巻いている。また、攻撃的な言動の背景には、言語化できない不満が潜んでいる。より質の高い言語活動を行うための土壌は、図1に示したように集団の中に安心感と信頼感、さらには、自律感を芽生えさせることが必要である。挨拶をはじめとする人と関わる言葉は、双方向の伝え合いを促進する。自分の発した言葉が相手を元気づけ勇気づけることもできる。他者との関係の中で相互に尊重し、高め合える言葉を自然に発することができる力、人間関係形成能力はこれからの社会に役立つ学力となる。

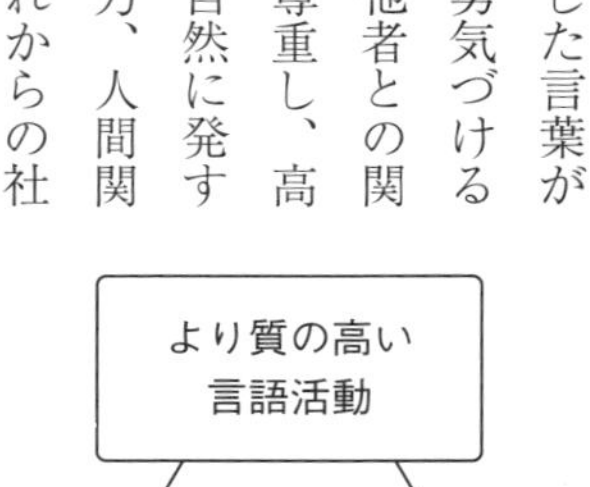

図1　言語活動の土壌

2 自己有用感を高める

自己有用感の高まりは、人間関係の中で自己の存在が自他共に認められ、自らの表現が他者尊重の意識の中でさわやかに行われる場面に見られる。言葉を丁寧に育てることで、自己を大切にする思いとともに他者への配慮も可能となる。音声言語・文字言語のいずれにしても質の高い言語活動を推進するためには、学習者が自信をもち他者とコミュニケーションできる段階にまで導くことが必要である。人は他者から認められることで自らの有用感を無意識のうちに感じ、その感覚が人間関係形成能力の向上につながる。言葉を育てて心を育むために、一

人一人が大切な存在であるという実感のもてる言語環境を整備したい。

3　支持的言語が学習意欲を高める

日常の無意識に発せられる言葉の中に、支持的言語がどれだけ活用されているであろうか。近頃、「そうだね」「どうしたらこんなに上手くいくの」「よくがんばったね」「そういうときは、本当につらいね」「友達を大事にしているね」などといった支持的な言葉掛けが少なくなってきているように思われる。これらの言葉には、相手を心理的に援助する温かい気持ちの込もったメッセージが含まれている。図2に示したのは、対人援助の三方法、ティーチング・コーチング・カウンセリングであり、いずれも心理教育的援助として教育場面に活用されている。そこでの技能（スキル）として共通しているのが、傾聴・質問・支持・承認・明確化等である。対象者の状況を査定判定した上で、適切な援助の方法を用いるのであるが、学習意欲の向上を意図するときには、学習者の思いを傾聴し、支持的言語の活用を推進する。言語に関する能力は、周囲の言語環境と相関関係にあり、教師の言語表現が、対人援助の三方法に含まれる知識と技能を巧みに活用することで、学習者への良き働きかけとなる。

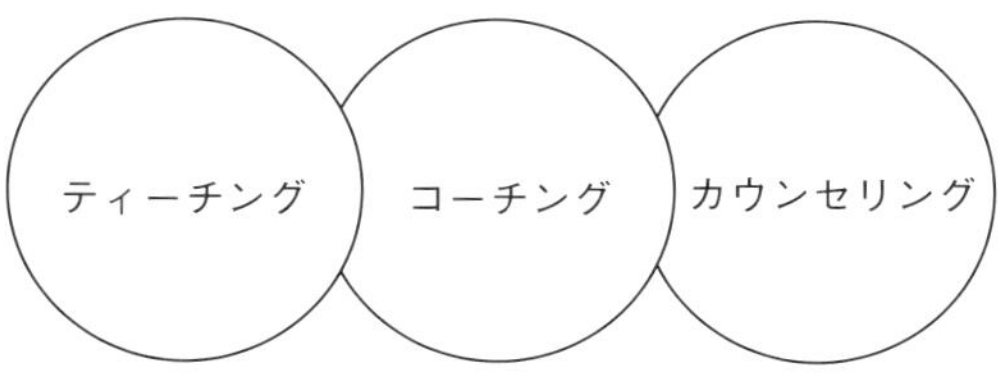

図２　対人援助の三方法

4　地域の伝統的言語文化を生かして言葉の力を高める

〈郷土の人　太安万侶をしのぶ　学びの道〉これは、本校の正門近くにある大きな石の碑に刻まれた言葉である。この顕彰碑は、明治百年を記念して、太安万侶の生地であるこの地に建立された。子どもたちは、毎日この碑を眺めながら校舎に入り、落ち着いた環境の中で学びを進めている。『古事記』が編纂されて千三百年余、編纂者の太安万侶は、田原本町多《たわらもとちょうおお》（南小学校区）に生まれ育ち、奈良朝の学者として博学典故《てんこ》に通じ、日本文化史上輝かしい足跡を残した人である。地域の大先輩、太安

言葉を大切に
宗和

言葉を大切にする人は
他人を大切にできる人
他人を大切にできる人は
自分を大切にできる人
自分を大切にできる人は
幸せになれる人

万侶のことを、この地では親しみを込めて「やすまろさん」と呼んでいる。本校では、地域に根ざした教育として「やすまろさんのふるさと田原本」を大切に考え、地域の伝統的な言語文化を通して子どもの言葉の力を高める教育を展開している。

三　学力向上を図る教育課程の具体

職員室には、五つの二字熟語【笑顔】【感謝】【謙虚】【丁寧】【徹底】と、二つの四字熟語【脚下照顧《きゃっかしょうこ》】【近視遠望】を掲げている。児童の学力向上を図るために、教師力の向上は欠かせない。そのために「教員は、笑顔を絶やさず、感謝の心を大切にする。」「人を教え導こうとする者は、自ら学ぶ謙虚な姿勢を忘れてはならない。」「教育は丁寧に、指導は徹底して行おう。」と、常々話をしている。さらに、自分の足元をしっかりと見つめ、グローバルな視点をもって歩む教育者であって欲しいと願い、「脚下照顧」「近視遠望」と示している。

1　個に応じたきめ細かな指導

研究主題を「子どもが生き生きと取り組む学習をめざして」と設定し、教育心理的援助を行う。

(1) 確かな児童理解に立った個に応じた指導の充実
(2) 自らを律する力の育成
（自己肯定感・自己有用感→自尊感情を培う）

2　豊かな人間性の育成

「温かい人間関係の醸成」「規範意識の醸成」

(1) 基本的な生活習慣の確立
『三つの約束』「あいさつ・そうじ・くつそろえ」『南っ子　十の実行』を全教室で掲示実行
(2) ジュニアーズ班（異年齢集団）活動の充実
(3) 命を守る教育の充実（道徳・防災・人権教育）

3　確かな学力の育成

(1) 基礎的な学力の定着を目指す指導の工夫
言葉を育てて学力向上・「書くこと」領域の強化

(2) 言語活動・読書活動の充実
群読発表会・全校百人一首大会・読書タイム

(3) 活用力（思考力・判断力・表現力）を高める授業

(4) 指示命令型の指導↓質問型の指導に転換

南っ子　十の実行

一、はきものをそろえる
二、あいさつは笑顔で人より先に
三、いじめは絶対にしてはならない
四、時間には厳しく、人には優しく
五、学習に必要な物は忘れない
六、文字と言葉は、丁寧に
七、へそを向けて、聴く子は育つ
八、返事と発表は、はきはきと
九、そうじは、黙ってきびきびと
十、夢は大きく、こつこつ実行

全教室に掲示した「南っ子　十の実行」

4　健康でたくましい心身の育成

(1) 芝生を生かした運動・外遊びで体力向上

(2) 食育の推進（正しい食習慣・「お弁当の日」等）

四　短歌・新短歌の創造で言葉を育てる

稗田《ひえだの》阿礼《あれ》が誦《よ》む神話や伝説、物語の選録をしたのが地域の大先輩「やすまろさんこと太安万侶」である。そこで本町では、古事記千三百年紀事業実行委員会を立ち上げ、地域の伝統的な言語文化を大切にした各種イベントを実施した。その一つが「やすまろさんへのメッセージコンテスト」である。『古事記』の中に須佐之男命の詠んだ次の歌がある。

八雲立つ出雲八重垣妻籠みに　八重垣作るその八重垣を

これが、日本の短詩型文学、とりわけ、短歌（和歌）の起源と考えられる。そこで「やすまろさんへのメッセージ」として全国から短歌・新短歌を募集した。文語定型の短歌及び口語自由律の新短歌の募集である。表現方法は、「①現代の言葉で表現する。②五七五七七のリズムを内在する。」とした。本校においても、一学期末から全校児童に呼び掛け、短歌、新短歌の創作意欲を高めていった。夏休みの課題にすると同時に、二学期が始まってからは、学年の発達段階に合わせて短歌、新短歌の指導が行われ、できた作品の推敲も進められた。厳しい審査を通過して入選した本校児童の作品を次に紹介する。

多じん社やすまろさんが見守るよ
『古事記』は今もぼくらの宝　三年　蒼一朗

てすとではいつも100てんとってたの？
ちえのかみさまやすまろさん　一年　優介

青空へやすまろさんと手をつなぎ
太陽の道かけっこしたい　四年　佐紀

雨あがり大和三山かかるにじ
やすまろも見た奈良の夏空　五年　美月

大とんど炎きらめく　多の町
願い届くよ　やすまろさんに　六年　若菜

五　おわりに

言語活動の充実として、次の六つの力を高める指導に重点を置いてきた。①聞く力 ②話す力 ③書く力 ④読む力 ⑤コミュニケーション力 ⑥書写力（視写力・聴写力・メモ力）。とりわけ、子どもたちの「聞く力」と「コミュニケーション力」を高め、人間関係形成能力や社会性のスキルも合わせて向上を図ってきた。言葉を育てて学力向上を図る。基本姿勢は、「話を聴く子は育つ」である。

地域とともにある学校、組織が、一体となってより良い学校を創造していくことを、今後も最重要課題としていく。

2　新たな知と思考力、表現力を育む教育課程

双方向性を重視したつなぐ力の育成

島根県松江市立朝酌《あさくみ》小学校長
藤　原　尚　幸

〈本校の概要〉

本校は、島根県松江市の南東部、宍道湖から中海に流れる大橋川の北岸に位置し、古代交通の要衝として栄え、様々な遺跡が多く点在する。周囲には田畑が広がり、農業、シジミ漁などの漁業も盛んである。また、同じ中学校区の小中学校とともに小中一貫教育を進めている、全校児童数七十七名の小規模校である。

本校の教育目標には「豊かな心とたくましい実践力をもつ子どもの育成」を掲げ、中・四国算数教育研究大会の開催を機会に、伝えることを通して、思考力・表現力の育成に取り組んできた。

一　はじめに

本校区は、古くからの農村地域であり、学校に対する保護者・地域の期待も高く協力的でもある。また、児童は素朴でおとなしく、生活面でも安定している。

教職員は、ほとんどが五十歳代という年齢構成に偏りがあるものの教育活動に対して非常に熱心に取り組んでいる。ほとんどの学級が児童十名ほどの人数であり、指導は行き届きやすいが、授業での多様な考えや内容の深まりに欠ける傾向がある。また、学力調査からも、算数科において基礎的な知識・理解の定着はほぼできているものの、思考力や表現力（活用型学力）に課題があるとの結果が出ている。

これは、論理的思考、多様な意見の集約・整理を通して、自分自身の考えを伝える経験の不足からくるものととらえた。個の学習の成果をより生かすための、集団による意見交換、伝え合いに、たとえ少人数であっても改善の余地があると考え、これらの学習過程・授業改善の視点として「つなぐ」ことの大切さを共通理解し取り組

んでいくこととした。

新たな時代の「知」には、変化する社会に適切に対応する能力として、それを受け止める理解力と課題をどのようにとらえ克服していくかを冷静に、合理的に判断するための思考力、そして、伝える表現力が当然含まれるであろうが、学校教育においては、まず友達同士の双方向的伝達を、より一層意識した取組がなされなければならない（新たな時代の「知」とは、『本シリーズ第五十一集第二章群馬県高崎市立佐野小学校飯島実三男《みさお》氏の提言「思考力・判断力などが育成されつつある児童が、教師や友達に説明するときの言葉を知の表れであるととらえ、」にしたがい進めていきたい。それは、言語活動の充実につながる）。

そこで、本校では「つなぐこと」を研究の中核に置き、算数科を中心に言語活動を学習活動に位置付け取り組んだ。

二　実態を踏まえた経営方針の策定

まず、本校の実態として小規模校のメリットとデメリットをよく踏まえ、学校経営の方針を決定する必要があった。指導上のメリットは、一人一人の生活・学習の様子に眼が行き届きやすく、時機を逃さず指導をすることができること。反面、人数が少ないことから学級全員で練り上げたり、切磋琢磨したりする経験が不足し、自分の考えや思いを、他の子どもたちへ分かりやすく伝え合うことができにくいことなどが挙げられる。学校運営上のメリットとしては、全職員で共通理解したことが、子どもへの指導に迅速に反映しやすく、機動性が高いことなどが挙げられる。しかし、職員が少ないため職員一人当たりの校務分掌は多く、それにかかる研修会、会合、事務処理などに割かれる時間は、本来学習指導への教材研究に充てられる時間を量的に制限する現実がある。学校経営上、職員間の意思伝達、共通理解の時間確保は大きな課題である。

三　学校経営の方針と推進の基盤づくり

1　職員・子ども共通のスローガン

「声・汗・知恵を出そう」は、年度当初に、職員に学校経営の基本としてしっかり取り組もうと話したことである。職員が少ないことで、理解しあえる部分は確かに多いが、逆に分かったつもりでの漏れや隙間が生じることもある。相互に意識して声を出すことは、仕事の隙間をそれぞれに自分の領域からほんの少し広げ、重なり合う部分を作り上げるために極めて日常的で有効な手段である。また、子どものために汗をかくことは当然のことながら、日本の学校のおかれている人事面、予算面での不十分さなどから生じる困難を克服する知恵の大切さを丁寧に説明した。

2　職員の参画意識を高める

学校経営は、校長が様々な実態や、社会状況を踏まえて策定したビジョンを具体的に進めていくものであるが、当然それを担う職員の参画意識が高ければ高いほど、より望ましい協働する組織となり成果も上がる。職員一人一人の主体性が、課題の受け止めからその解決への意欲的な取組へのエネルギーとなる。分掌部会、低・中・高学年に分かれた部会や全体会議での自らの意見が学校を変えていくという気概をもって参加するために、小規模校のメリットを生かし課題に対して「一人一案」で職員会議に臨むように声掛けした。また、職員会議の内容の精選や、協議のポイントを明確にした話し合いを心掛けることで、効率的に時間内に話し合いをすることを目指した。

3　双方向性を担保する人的環境づくり

互いに自分の意思を伝えるためには、自分は尊重されているという雰囲気がなければならない。そのためには人権教育についての教職員研修の充実の必要があった。ベテラン若手を問わず相互に授業を見せ合い、意見を率直に言う機会を多くとり、全教職員が児童に寄り添い、一人一人を大切にする教育を浸透することが重要である。全教育活動を通して人権教育を推進する中で、児童に対しても自己を尊重する意識を高める努力をした。このように教育環境の中でも人的環境の充実を目指した。

四　具体的な取組（研究を通して）

1　組織的研究の推進

「つなぐ」というポイントとなる言葉について、どうとらえるのか、全職員で考えを出し合った。研究部からの考えを聞いて、理解して取り組む方法は職員一人一人の考えが反映されにくく、どうしても職員自身が受け身になりがちである。職員自身が課題を自分のこととしてとらえ、自分の考えをもち、双方向性を大事にして研究主題を受け止めていったことは、時間はかかったが「みんなの研究」として、意義あるものになった。

2 研究主題

(1) 主題の受け止め

○「自らの課題」とは

教師が提示した学習問題を解決するための方法や結果について見通しをもとうとする時、子どもたちが見つけた既習事項との違いなどから生まれる子どもにとっての、問題意識であると考えた。

○「主体的に取り組む」とは

自分の考えを進んで伝え、友達の考えも受け止め、取り入れながら課題解決に向かおうとし、さらに、課題解決後も次への学習意欲をもつ姿であると考えた。

〈自分の中で〉

・分からないところが言えること
・途中まででも自分の考えをもてること
・既習事項などを生かして解決しようとすること
・解決するまでねばり強く取り組むこと
・図、絵、文、式など、解決の方法を見つけること

〈人との関わりの中で〉

・自分の考えを友達に伝えたくなること
・友達の考えを聞きたくなること
・友達と関わりながら解決へ向かおうとしていること

友達に寄り添い説明する様子

3 「つなぐ」ための三つの学習過程

(1) 「つかむ」学習過程

・「早く解いてみたい」と思えるように、学習問題と学習課題をつなぐ

朝酌小学校　全体構想図

本校の教育目標

豊かな心とたくましい実践力をもつ子どもの育成

めざす子ども像

・喜んで学習する子ども
・豊かな感性、表現力をもつ子ども
・思いやりのある子ども
・健康で元気な子ども

子どもの実態

・学習に対しまじめにこつこつと取り組み、作業的・体験的活動を好んで行う。
・基礎・基本は身に付いているが、学年が上がるにつれて算数をすごく好きな子どもは減る傾向にある。
・自分の考えを友達に説明したり、いろいろな解き方を考えたりすることに苦手意識をもつ子どもが多い。

（H22 年度　算数アンケートより）

研究主題

自らの課題に主体的に取り組む子どもの育成
～「つなぐ」算数科の授業～

研究仮説

算数科の授業に「つなぐ」活動を多く取り入れると、主体的に取り組む子どもが育つであろう。

「つかむ」学習過程

○学習問題が子どもの学習課題となる工夫
・ねらいの明確化
・既習事項との関連把握
・学習問題の設定と提示の工夫

「学び合う」学習過程

○互いの考えが分かり合えるような手だての工夫
・子どもの考えの取り上げ方
・説明の仕方の価値づけ
・再現活動の充実
・子どもの言葉と算数の用語をつなぐ板書

「ふり返る」学習過程

○学んだことを確かなものにする評価の工夫
・一人一人の学びに応じた評価
・次時へつなぐ振り返りノートへの評価

(2)「学び合う」学習過程

・「はてな?」が「なるほど!」となるように、算数の本質と子どもをつなぐ

・互いの考えが分かり合えるように、子どもの発言と発言をつなぐ

・自分の考えを表現（書く・話す）できるように、子ども自身の考えと子どもの言葉をつなぐ

・考えの相互理解を深めることができるように、子どもの言葉と算数の用語をつなぐ

(3)「ふり返る」学習過程

・学んだことが確かなものになるように、子ども一人一人の学びと教師の評価をつなぐ

・次時の学習が楽しみになるように、子どもの学びを次の学習へつなぐ

4 「つなぐ」算数科の授業展開三つの視点

(1) 学習問題が子どもの学習課題となる工夫

子どもの様々な考えを引き出し、身に付けさせたいことへ導くために、既習事項との関連を把握したり、学習問題の設定と提示を工夫したりした。問題提示の後、「前時までの問題との違い」と「前時までの問題を解くときと同じように使えるやり方」を子どもに尋ねるようにした。その際 違い 使える というプレートを用意し、それぞれの子どもの意見を板書した。繰り返すうち、使える ことが既習事項として定着し、違い が問題を解くポイントとして子どもたちに意識されるようになった。複数のものを比べその相違点や共通点を考えることは、思考力を養うことにつながる。

(2) 互いの考えが分かり合えるような手だての工夫

子どもの考えの取り上げ方、説明の仕方の価値付け、再現活動の充実、子どもの言葉と算数の用語をつなぐ板書を考え実践した。特に、解き方について説明し合う再現活動（友達の説明をもう一度自分の言葉で説明・表現してみること）の取り入れは、子どもの学習理解を確かなものにすると考える。自分で話すことを意識すれば、説明の内容理解をより能動的に行う。最初は型を利用し言語化に慣れさせた。継続していくにつれ徐々に自分の言葉で表現する子どもも現れた。全員が話す活動をすることで、聞いた内容が整理されたり、あるいは自分の考

えの曖昧さが見つかったりし、自分の理解の程度が認識できる。また、指導者サイドからもこのような双方向的な言語活動を二人組で行うことで、指導者は個の分かりにくさを見つけて指導しやすい点がある。

再現活動をする子どもたち

(3) 学んだことを確かなものにする双方向的な評価

一人一人の学びに応じた評価の工夫と、次時につなぐふり返りノートへの評価を行った。教師が評価の観点をもち、それを意識して子どもたちの発言を聞き、そのよさを積極的に伝えることで、子どもたちの意欲をより喚起し、好循環が生まれてくる。また、授業の終末に学習をふり返り感想を書くことで、学習内容や友達の考えに対する自分の考えを整理し、自分の言葉で学習をまとめることができる。一方、教師は子どもの学びを把握し評価するとともに、自分の授業方法のフィードバックとなり次時への展開につなぐことができる。

五　おわりに

双方向性を意識した教職員の授業改善への意識変革をもとに、研究主任のリードにより、子どもを中心に据え「つなぐ」研究実践を重ねてきた。そして、共通の授業実践を徹底したことで成果につながった。研究が具体化するたびに見えた課題とその改善策を学年部や研究部、そして全職員で何度も話し合ったこと、ベテラン若手を問わず相互に授業を見せ合い、研鑽を積んだ教師の姿は、子どもの学びを支えることにつながったと考える。しかし、まだまだ緒についたばかりである。今後も、双方向性を意識しながら生きた研究実践を重ねていきたい。

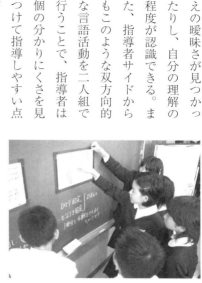

3　新たな知を拓く「総合的な学習の時間」の創造

探究的・協同的な学習で夢に向かう児童を育てる教育課程

香川県坂出市立林田《はやしだ》小学校長

川　中　祥　照

〈本校の概要〉

本校は、瀬戸大橋のたもと坂出市の東部に位置し、児童数三百八十三名、学級数十四学級の中規模校である。かつては綾川下流域の田園地帯、現在は宅地化、工業化が進む町となっている。

教育目標を「心をみがき、身を鍛え、自ら励む林田の子の育成」と定め、教育実践に取り組んでいる。

平成二十七年度香川県で開催される全国小学校生活科・総合的な学習教育研究協議会の研究大会の基調提案実践校として「夢をもち学び続ける子どもたち」の大会主題のもと研究実践に取り組んでいる。

一　はじめに

本校では、総合的な学習の時間を「わくわく学習」と呼んでいる。児童がこの時間を使って、地域の「ひと、もの、こと」に深く関わり、知的好奇心をゆさぶり、豊かな体験活動で自分自身の中に新たな知を創り出すとともに、自己の生き方を考え、夢に向かう児童になって欲しいという願いから名付けたものである。

しかし、この「わくわく学習」が、総合的な学習の時間の目標に定められた資質や、能力及び態度を児童一人一人に身に付けさせるものとなっているか課題が残った。

そこで、総合的な学習の時間が、児童が主体的に学び、問題解決的な活動が発展的に繰り返されていく探究的な学習、児童が他者とともに学び合い課題を解決しようとする協同的な学習の時間となり、児童が夢に向かって進むことのできるような教育課程を編成することとした。

本稿では、カリキュラムマネジメントの手法を活用しながら、校長として教職員とともに取り組んだことを紹介する。

二　明確なビジョンづくり

総合的な学習の時間の目標や内容は、学習指導要領に示された目標を踏まえ、各学校が地域や学校、児童の実態に応じて創意工夫を生かして定めることができる。

そこで、平成二十二年十一月、文部科学省から出された『今、求められる力を高める総合的な学習の時間の展開』を活用し、総合的な学習の時間の全体計画を見直し、目標、育てたい資質や能力及び態度、学習内容等を明確にすることで、自分たちの目指す総合的な学習の時間のビジョンを共有していくこととした。

１　ＳＷＯＴ分析で育てたい資質・能力の吟味

児童にどのような資質や能力及び態度を育てようとするのか、また、地域の実態に即し、創意工夫のある学習活動にするにはどうすればよいかについて、ＳＷＯＴ分析（自校の弱み強み等による戦略分析）の手法を用いて、全教員で協議した。

その際、香川県学習状況調査の児童質問紙の調査結果や国立教育政策研究所の提案する「二十一世紀型能力」などを参考にし、本校の児童の実態に即するとともに、社会の変化に対応できる汎用的な資質や能力となるものは何かについて検討することとした。

その結果、育てようとする資質・能力として、主体性、活用力、協同性・創造性、自己理解・実践力の四つの力を設定し、その実現に取り組むこととした。

２　地域に関するアンケートで学習内容を構想

総合的な学習の時間で、主体性を培い、人との関わりを通して学ぶことの楽しさや成就感を体得し、社会参画への実践力を育成しようと、「地域のことを学ぶ」学習を基本に学習対象や学習事項を定めることとした。

そこで、保護者や地域の代表を対象に、地域のよさや課題、願いについてアンケートを実施した。

その結果、地域の人、自然、文化や歴史を学習対象にし、地域の特性を生かしたカリキュラムづくりをすること、特に地域の人との関わりを大切にすることとした。

３　構想図に表現し、共通理解

指導方法、指導体制、他教科等との関連、評価方法、地域との連携等を、研究推進委員で考え、それらを集約した構想図をビジョンとして提示した（次頁図参照）。

三　探究的・協同的な学習の取組

総合的な学習の時間のビジョンのもと、児童自らが主体的に学ぶ探究的な学習、児童が他者とともに学び合う協同的な学習となるために、職員に次のような方向性を示し、実践を進めることとした。

1　探究のプロセスを基本にした学習にすること

「課題の設定、情報の収集、整理・分析、まとめ・表現」の学習過程を基本にし、それが発展的に繰り返される中で高められていくように学習活動を構想し、体験活動や言語活動を適切に位置付けた年間指導計画や、単元計画に具現化していく。

2　表現活動を位置付けること

児童が体験したことや調査したこと、感じたことなどは、それらにふさわしい多様な表現方法を用いて表現するようにする。探究のプロセスの「まとめ・表現」はもちろんのことである。これによって、児童は、自分の思いや願いが表出でき、教師はそれを見取って新たな活動を創造したり、評価したりできるようにする。

3　話し合い活動や交流の場を作り出すこと

児童がお互いの考えを出し合い、多面的・多角的に分析したり検討したりする思考の場を作り出すようにする。その際に、思考の可視化の手段として思考ツールを活用する。また、児童相互の交流に留まらず、学習対象である地域の人と直接関わることのできる交流の場を設定する。そして、「話し合ってよかった。みんなでしたら解決できそうだ」という協同の意義を感じるようにしたり、新たな価値を生み出すようにしたりする。

4　見通し・振り返りのある学習にすること

学習活動で「ここまでは分かった。だから次にこうしていきたい」という思いや願いをもつようにすることが「夢に向かう児童」の姿であると考えた。そのために、課題設定の過程で十分に時間をかけ、課題意識を高めることにより課題解決への見通しを立てること、また、学習活動の意味や価値に気付いたり、自分自身の成長に気付いたりするような振り返りを行う場面を学習指導計画に位置付けるようにする。具体的には、児童の活動計画

生活科・総合的な学習の時間　構想図

【学校教育目標】
心をみがき　身を鍛え　自ら励む　林田の子の育成
は:はげみ・学び合う子　や:やさしい子　し:しなやかな子　だ:たくましい子

【わくわく学習の目標】
人，自然，文化と豊かにかかわり，夢に向かう子ども
— 探究的・協同的な学習で学びを創り出す —

指導方法
- 児童の課題意識を繋げ，新たな課題を生み出す支援
- 一人一人の児童の思いや願いの実現に向けた支援
- 児童が諸感覚を使って試行錯誤できる体験活動の工夫
- 協同的活動が必然的に生まれる学習活動の展開

育てたい資質・能力
○思いや願いをもち，主体的に探究する力【主体性】
○知識や技能を活用する力【活用力】
○他者と協同し、創造的に考える力【協同性，創造性】
○自己を見つめ地域に働きかける力【自己理解，実践力】

指導体制
- 学校支援コーディネーター，地域支援ボランティアの活用
- 学年団を中心とした指導とサポート体制の構築
- 学年間の実践と情報の共有や交流の場の設定
- 学習内容がわかる掲示
- 学習の見通しがもてる学習環境の設定

「地域の人」を核とした生活科・総合的な学習

地域の願い：連帯感の維持　伝統行事の継承　住みよい町づくり

〈**地域との連携**〉学校支援ボランティア「林田小キッズサポーター」の活用 ⇔ 協同

学年	教科等	地域の特性	活動名	視点
6年生	総合的な学習の時間	林田の人の力で伝統と文化を生かした町づくりをしよう／地域の未来を描く人	伸びゆく林田の町と人々の夢・願い	産業 職業
5年生	総合的な学習の時間		米作りで広げよう，つなげよう林田の輪	産業 自然
4年生	総合的な学習の時間	暮らしを支える人	林田をもっと元気な町にしよう	健康 福祉 安全
3年生	総合的な学習の時間	伝統を守る人	伝えよう,受け継ごう林田自慢のふるさと祭り	歴史 伝統 文化
2年生	生活科		町の人とかかわっていっぱい知恵を見つけよう	地域
1年生	生活科	地域の名人	家や地域の人と一緒にするよ	自然

活用 ⇔ 〈**他教科等との関連**〉既習の内容、スキルの習得

⇕ 林田幼稚園との連携・交流

主体性　自己理解　実践力

地域への愛着・誇り　地域の一員としての自覚　地域貢献

〈**評価規準に基づいた学習評価**〉
- ノートやワークシートなど、ポートフォリオを活用した評価
- 単元評価票を用いた観察による評価
- 学校支援ボランティアからの情報による多面的評価

〈**取組評価**〉
- カリキュラム評価・改善
- 学校評価・改善（児童・保護者対象アンケート）

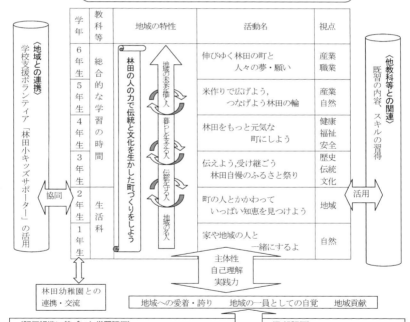

表の作成や自己評価カードの工夫に努めるようにする。

5　資質・能力に基づく評価規準を作成すること

この学習活動でどのような資質・能力を育てようとするのかを明確にして実践する。そのために、主体性、活用力、協同性・創造性、自己理解・実践力の四つの力を評価の観点とし、単元の評価規準を作成して実践する。

四　カリキュラムの評価と改善

総合的な学習の時間が、探究的・協同的な学習になり、育てようとする資質・能力の実現につながっているか評価・検証するために、次のことを実施した。

1　授業研究とワークショップ型協議

授業者は、育てたい資質・能力を明確にし、指導の工夫点を明らかにして授業実践する。参観者は、授業の主張点や単元の評価規準等に基づいて、指導方法の改善点をワークショップ型で協議する。

2　外部指導者の招へい

授業を客観的に評価するために、指導主事や大学教授など専門性の高い指導者を招き、実践の価値付けとともに授業改善の方向性を指導・助言していただく。

3　各種アンケートの実施・分析

学力調査の児童質問紙の回答、学校評価の際のアンケートなどで実施状況を検証する。

これらの評価・検証から、年間指導計画、単元指導計画の見直しを図り、修正指導計画を作成することによって、次年度の指導に役立てるようにしている。

五　推進するための体制づくり

充実した総合的な学習の時間を実現するために、「空間、時間、人間」という三つの「間」を大切にすることとした。

1　活動時間の工夫

児童の探究的な学習は、地域の特色を生かし校外に出て行う体験的な活動が多くある。そのために、時間割の工夫を図り、一単位時間を九十分にしたり、学習活動の曜日と時間を全校統一に設定したりした。それによって、学級担任以外の学年団付きの職員も指導に加わることができるようになり、児童の学習活動が多様に展開できる体制を整えることができるようになった。

2　学校支援ボランティアの活用

(1)　学校支援ボランティアの組織づくり

総合的な学習の時間では、地域の人材の活用が学習を豊かにする。そこで、学校支援コーディネーターの選定、家庭や地域への「林田小キッズサポーター」の募集と登録者のデータベース化し、地域との連携がスムーズに行えるような環境整備をした。

(2)　支援方法についての共通理解とその実践

児童の主体的な学習活動にするために、学校支援ボランティアとの連携を次の三つの形態で実施した。

○教授型……知識・技能の伝授
○参加型……情報交換、話し合い、共に活動
○励まし型……考えの聞き役、承認・賞賛、見守り

特に、参加型、励まし型を推奨し、学校支援ボランティアと協同的に学ぶことを大切にした。

また、児童の実態や学習のねらいを知らせ、具体的な支援内容などを打ち合わせる機会を設けた。学習指導案には「内容と支援者の関わり」という項目を設け、地域の人との関わりを具体的に表記するようにした。

さらに授業後には、児童の様子や授業の感想などを書いていただき、それを学習評価の参考資料の一つとした。

六　おわりに

全国学力・学習状況調査の結果、「グループや学級で話し合うなどの言語活動や総合的な学習の時間における探究活動等の指導を行った学校ほど、教科の平均正答率が高い傾向にある。また、学習意欲や社会への興味・関心に関して肯定的に回答する割合が高い傾向にある。」と報告され、総合的な学習の時間の取組が評価されている。

また、次期学習指導要領の改訂に際し、諮問では「基礎的な知識・技能を習得するとともに、実社会や実生活の中でそれらを活用しながら、自ら課題を発見し、その解決に向けて主体的・協働的に探究し、学びの成果等を表現し、さらに実践に生かしていけるようにすることが重要である」と述べられている。

校長は、総合的な学習の時間の趣旨や意義を再確認し、児童主体の探究的・協同的な学習となるようリーダーシップを発揮し、教育課程の実施に努めなければならない。

第三章　人間性豊かな社会を築く日本人の育成を図る学校経営

提言

人間性豊かな社会を築く日本人の育成を図る学校経営

――日本人の自信と誇りと勇気を呼び覚ます――

鹿児島県鹿児島市立田上《たがみ》小学校長
室之園　晃　徳

一　はじめに

今、「人間性」が求められている。「人間性」が失われつつあるからだろうか。

「人間性」という言葉は、とても広い意味があり奥深いが、あいまいで漠然とした印象をもつ言葉である。「人間性」が「人間らしさ」であるならば、「善」を行うのも人間、「悪」を行うのも人間であり、日の当たる部分もあれば陰の部分もあるのが人間である。優れた未知の可能性ももっているし、人間らしい弱さや欠陥ももっている。

二〇一〇年、本県の内之浦宇宙空間観測所から打ち上げられた小惑星探査機「はやぶさ」が、七年間にわたる大宇宙航海を全うして、六〇億キロの宇宙空間の長旅を終え地球に戻ってきた。長さ五〇〇メートルの小惑星「イトカワ」に着陸、サンプルを採取した後、トラブル続きで満身創痍になりながらも奇跡的に帰還した。その姿に多くの人たちが心を動かされ涙した。精巧な機械ではあるが生命をもたない「はやぶさ」の姿に、人が心を打たれたのはなぜか。そこに人間性を感じたからである。「もうダメか、あきらめるしかない」という場面は何度も登場するが、「はやぶさ」は、まるで人格をもつかのように困難に耐え、危機を乗り越えていく。そして、大気圏に突入するときに自らは燃え尽きたが、ずっと大切に抱き続けたカプセルは無事に地球に送り届けた。そこにあるのは、大いなる人間ドラマだ。

生きるということは常に順風ではなく、ストレス、不安、恐怖などにたびたび遭遇する。「はやぶさ」の大航海も正にそのとおりであった。様々な問題を乗り越え、克服していくことが、たくましく生きるということであり、そういう経験の積み重ねが、自信と誇りとなって、更なる高い山に登ろうとする勇気を奮い立たせてくれるのである。わたしたち教師は、「はやぶさ」のように、次の世代につなぐカプセルをもつ子どもたちを育てていかなければならない。

二　人間性豊かな社会とは

東日本大震災の後、人が人を思いやる心が、災いを希望に変えていく大いなる力になるということを改めて学んだ。その年、日本中に元気を届けたのは「なでしこジャパン」のワールドカップ優勝だった。体格的にも、実力的にも明らかに勝っている米国チームに対して、臆することなく果敢に挑む前向きな姿が、奇跡的な大逆転につながり、「絆」の一文字が日本人の心を一つにした。それから三年後の男子ワールドカップブラジル大会、日本は一勝もできなかったが、日本のサポーターが観客席のごみ拾いをした行為が、「日本代表は敗北したが、応援団の行動は世界中の心をつかんだ」と賞賛された。「彼らの文化と教育を賞賛したい」「素晴らしい、尊敬する」などの声は、日本人の心に響いた。

このような出来事があるたびに、私たちの心は感動で揺さぶられる。そして、「より良く生きたい」という感情がふつふつと湧き上がってくる。それは、何かに挑戦したいという前向きな感情である。日本人に生まれたことを感謝し、自信と誇りに思い、素直に自分も頑張ろうという気持ちを奮い立たせてくれるのである。

わたしは、力のある教師とは子どもたちの「やる気スイッチ」をオンにすることができる教師であると思っている。しかし、様々な調査などで、日本の子どもたちが、諸外国の子どもたちと比べると、夢や希望をもっていなかったり、自分を否定的にとらえていたりする比率が高いことが紹介されている。さらに、日本の教師が、最も働いているにも関わらず、自分に自信をもっていないということが報道された。人間性豊かな日本の社会を築くためには、子どもたちや教師が自信と誇り、そして勇気をもって行動できるようにしなければならない。学校は、子ども一人一人のもともともっているすばらしい素質や力を引き出し、自分を大切にすること、自分の人生を信頼すること、前向きであること、そして勇気をもって挑戦していくことを、社会に出てからも実践できるように学んでいくところなのである。

「生きる力」の定義において「豊かな人間性」は、他人を思いやる心や感動する心とされている。どんなに理が優れていても情が無い人には魅力を感じないし、動かされることはない。人間は他者とともに生きていく存在であり、同時に、他者によって生かされている存在であるから、心の強さ弱さ、喜怒哀楽、人間らしい全ての感情をよしとして、他人を思いやる心や感動する心をもち、よりよく生きていこうとするときに「人間性」が発揮される。自他を尊重し、社会と関わりをもち、共により良く生きようとする社会が人間性豊かな社会なのである。

三　豊かな社会性を培う学校経営の要諦

楽しかった、うれしかった、できた、助け合った、励まし合った、認め合った……など、このようなプラスの感情があふれているとき、学校は生き生きと活力に満ちた場所であり、その場所で学習している子どもたちの人間性、社会性は豊かに育まれる。学校は、単に、読み、書き、算を教えるところではなく、子どもたちに学ぶことの楽しさ、面白さ、感動を実感させるところでなければならない。「是を知る者は是を好む者に如《し》かず、是を好む者は是を楽しむ者に如かず」である。子どもに限らず大人でも、何かに対して興味や好奇心をもてば、誰に習うということがなくても、進んで勉強に取り組んでいく。自分なりに工夫しながら新しいことに挑戦していくのである。人にものを教えるということは、この何かに興味や好奇心を抱かせるということが基本なのではないだろうか。そのためには、学校経営ビジョンの中で「学び続ける教師像」を明確にして、自ら学ぶことを楽しみ、感動することができる教師を育てていかなければならない。教師が楽しむから子どもにその楽しさが伝わり、教師が感動するから子どもが感動するのである。そういう営みの連続性の中で、他人と関わりながらよりよく生きていこうとする社会性が培われていく。

1　子どもの「やる気スイッチ」を入れることができる教師

学校教育法第三〇条において、学力とは、「基礎的な知識及び技能、これらを活用して課題を解決するために必要な思考力、判断力、表現力、主体的に学習に取り組む態度」であるということが明確に示された。学力の三要素といわれるこれらの三つの要素の中で、現在最も注目を浴びているのは、二つ目の思考力、判断力、表現力である。ただし、この三つの要素はセットであり、相互に関連しながら分かちがたく結びついているものである。だから、この三つの要素が一体化して学力であり、どれが重要か云々《うんぬん》というものではない。しかし、私は、敢えて言わせてもらえば、基本的に最も重要なのは三つ目の主体的に学習に取り組む態度、すなわち「学びへの意欲」ではないかと思っている。一つ目のパーツと二つ目のパーツがどんなに立派なものであろうとも、三つ目の「やる気」というエンジンを作動させなければ実際に働かせることはできない。子どもの「やる気」というエンジンのスイッチをオンにするのが教師の本分であり、そのための引き出しをたくさんもっているのがプロの教師である。

2　「学び合う」集団づくり

豊かな社会性を育てるためには、「個」と「集団」との関わりが重要な鍵となる。社会性は、他者との関わりの中で磨かれ高まっていくものであるから、多様な個性が輝き合い、お互いの存在を尊重しながら信頼で結ばれ、成長し合う関わりができるような集団づくりを進め、その質を高めていかなければならない。

また、「学びへの意欲」は、自分は友達から認められ、自分もまわりの友達を認めているという関係性にある集団の中でより高まっていく。お互いの意見の違いや価値観の違い、失敗や間違いを認め合い、新たな発見をしたり、お互いを尊重し合う気持ちをもつなど、安心できる人間関係づくりが磨かれる場は、子どもたちが最も長く時間を過ごす授業である。そのために「学び合い」や小集団の活動を積極的に取り入れることで関係性をより豊かにしていく。集団が、安心できる場であり、自分が活躍できる場であって、自分が役に立っている存在であるという自己有用感を感じ取ることが、自信や誇りとなって次のステップに進む勇気をもたせてくれるのである。

四　豊かな社会性を培う教育活動の創造

1　豊かな社会性を育成することができる学習環境づくり

「環境は人をつくる」と言われる。一日の多くの時間を過ごす学校は、子どもたちのものの見方、考え方、感じ方に影響を与え、人間形成に大きく関わっている。そして、その環境は教師と子どもが共につくっていくものである。

学習環境は、学習場所としての「物的環境」と、教師や友達、地域の人々などの「人的環境」と、大きく二つに分けられる。「人的環境」における学習集団づくり、学習習慣の育成などは、社会性の育成に直接影響を与えるものであるが、その基本となる重要なことは「学習のしつけ」ではないだろうか。学校や学級の中で、集団生活や対人関係におけるルールが共有され、当たり前のことが当たり前のこととして定着している学習環境をつくっていくことが、自主性、協調性、責任感、自制心、善悪の判断などの社会性を培い、「学校は社会のルールを学ぶ場」となっていくのである。また、「学習のしつけ」が共有されている環境は、子どもたちにとって安心・安全な場所であり、一人一人が所属感や連帯感を感じることができ、他者との関わりの大切さを学んでいくことができるのである。

２　豊かな社会性の育成を重視した教育課程の編成

社会は人と人との関わりの上で成り立っている。様々な人と関わることを繰り返して、子どもたちは自立した人間として成長し、社会の一員となっていくのである。したがって、社会性を身に付けるためには、人と人との望ましい関わり方を身に付けていかなければならない。それは、特定の教育活動で学ぶものではなく、道徳の時間はもとより、各教科、特別活動、総合的な学習の時間、外国語活動との総合的な取組によって学んでいくことができるようにカリキュラムを組んでいくことが大切である。その際、認め合い、協力し合い、感動体験を共有する「学び合い」の活動が展開されるように工夫し、ペア学習やグループ学習を通してコミュニケーション能力を育み、一人一人に自信と自己有用感をもたせることができる学習を目指して、教育課程を編成していくことが重要である。

３　体験活動を生かした教育課程の編成

体験活動は、豊かな人間性、自ら学び、自ら考える力などの生きる力の基盤、子どもの成長の糧としての役割が期待されている。現在、圧倒的に多くなった「間接体験」や「擬似体験」は、子どもたちの成長にとって負の影響を及ぼしていることが懸念されており、今後の教育においては、ヒト・モノや実社会に実際に触れ、関わり合う「直接体験」を積極的に取り入れ、社会性の育成に生かしていかなければならない。

特に、道徳教育は、「人間性・社会性」の指導に重要であり、マンネリ化、パターン化しないためにも、体験や経験を生かした指導によって自覚を深めさせ、「道徳的実践力」を高めることが極めて大切である。また、道徳の授業を公開したり、保護者や地域の人々の協力や参加を呼びかけたりすることが、学校だけでなく地域社会全体で子どもたちの社会性を育てていくために効果的な取組であり、これからもますます推進していくことが必要である。

また、地域社会と連携した様々な体験活動や授業公開は、道徳だけでなく、各教科領域等、あらゆる教育活動と関連付けながら計画し、特色ある教育活動へ発展させていかなければならない。そのことによって、子どもたちが自分の学校や地域を愛し、自信と誇りを抱き、やがては社会に貢献しようとする心情や、態度が育まれるのである。

五　おわりに

日本中の多くの学校が、長い歴史や伝統に支えられている。しかし、学校は生きものであって、受け継いだものを渡すことだけ考えていたら、伝統はやがて滅びてしまう。変化に合わせて進化していかなければ、生き抜くことはできない。時代の流れの中で時代の要請に応えながら、新しいものや考え方を見付け出して、それと合わせて次の世代に渡していくことで、伝統は新しい息吹を吹き込まれ、生きて受け継がれていくのである。

日本人の文化、伝統、技術、考え方などあらゆるものが国際的な注目を浴び、「クールジャパン」と呼ばれている。日本人として自分の国のよさを改めて見直し、自信と誇りを呼び覚まし、そのよさを受け継いで更に進化させていくとき、我が国はますます発展し、そこで生きる人々の幸せが守られるのだ。

人間性豊かな社会をつくるために学校教育の果たす役割は大きい。子どもたちは、一番身近な学校や地域のよさを生かした活動を通して、様々な体験や感動を味わい、人間として大切にすべき心や態度が育まれていく。こうした積み重ねの中で、「自分は人のために役に立ち、だれかに喜んでもらえる存在である」という自己有用感を味わい、自分の学校や地域を好きだと感じ、いつか自分も地域社会のために積極的に貢献しようとする人間になろうという心が育まれ、他者とともによりよく生きようとする人間性豊かな社会が築かれていくのである。

実践事例

1　豊かな社会性を培う学校経営

「関わる喜び」を実感する教育の推進と学校経営

熊本県熊本市立慶徳《けいとく》小学校長
（前熊本市立出水南《いずみみなみ》小学校長）
山田美保

〈本校の概要〉

前任校の出水南小学校は、熊本市の中央部に位置し近隣に自然豊かな江津《えづ》湖や県庁、市立体育館等がある児童数七百七十七名、二十七学級（特別支援学級三）の学校である。

教育目標は、「『徳・知・体』調和の取れた児童の育成」である。隣接する県立の特別支援学校との三十四年間の交流を評価され、平成二十五年度「こころを育む総合フォーラム」全国大賞を受賞した。平成二十五・二十六年度熊本市教育委員会の研究委嘱を受け、「関わりを深め、思いや考えを表現できる子どもの育成」の研究主題のもと、道徳・国語科・特別活動における言語活動を重視した研究に取り組んだ。

一　はじめに

本校は、創立当初から隣接する県立の特別支援学校と年間を通した交流を続けている。この交流教育は本校の伝統として根付き、心の教育の大きな柱としている。また、特別支援学級と通常学級、地域の方や異学年の交流に取り組み、共に学び、育ち合う教育を推進してきた。研究で高まろうとする教職員風土の中、思いやりがあり学力水準も比較的高い児童が育っている。

しかし、私が着任した平成二十四年度当初、心の育ちはありながら、対人関係のトラブルや、挨拶・靴並べ等の基本的生活習慣の未定着、教職員から指示された事はできるが、自分で判断して実践する姿が少ないといった、社会性の育ちに関わる課題が見られ、多くの教職員がその事を把握しながらも、個々の担任の指導に終わり、統一した取組が行われていない状況であった。

豊かな社会性とは、自己有用感をもち、互いの特性を認め合って他者とよりよい関係を結ぶ力、集団の中で自分の役割や責任を果たし、他者と協力しながら問題解決を図る能力や態度と受け止めている。この個人の自立と他者との協働に向かう力は、これからの社会を生き抜き、人間性豊かな社会を築く上で重要な能力であり、その育成が本校児童の課題の解消につながるととらえた。

二　豊かな社会性を培うための経営方針

豊かな社会性は「人と人とのよりよい関わり」の中で育つ。他者と関わる多様な活動を通して、気持ちを適切に伝える力、相手を共感的に受け止める力、集団生活を支える基本的な生活習慣や規範意識等を培い、集団の中で役割を果たす喜びや互いの関係が深まる喜びを実感させる教育が必要である。本校の課題を踏まえ、学校経営の重点事項に、「他者と豊かに関わる力の育成」「自主的・実践的な態度の育成」をあげ、全職員で教育活動及び体験活動の再構成と充実を図ること、よさを実感させる指導で児童を変容させることを教職員に示した。

大規模校の円滑な学校経営のためには、主任を中心とした学校運営組織を確立し、チームで校務を遂行する協働体制を構築することが重要である。しかし、本校には不十分な面が見られたため、年度当初の学校経営方針の説明と同時に、学校に協働性を高める意義や目標管理での校務遂行の方策、ミドルリーダーの役割とチーム力強化等について詳しく説明した。それを聴く教職員の表情と雰囲気から、組織や校務遂行についての認識が変化したことを感じた。

三　経営方針に基づく協働体制の構築

1　**全校実践を促す主任を核とした協働体制づくり**

まず、主任を核としてチームで校務を遂行する体制を構築した。赴任当初からあった生徒指導、人権教育、特別支援教育等の校内委員会の機能を、主任を中心としたチームマネジメントによって強化し、新たに学年主任会と研究推進委員会を立ち上げた。学年主任会は、隔週火曜日の朝十分間、実践事項の進捗状況の確認等を行う。短時間ではあるが、豊かな社会性に関わる基本的な生活習慣（挨拶、返事、靴並べ等）や学校規範（無言掃除、遊びのルール、チャイムを守る等）等の定着と指導、研究推進に学級差、学年差を無くすことに効果をあげた。

２　学校評価と教職員人事評価制度の活用

学校評価は、校長の学校経営ビジョンを実現するのに有効に働く。市で統一する学校評価の中の学校独自項目として、豊かな社会性に関わる「『笑顔で元気に自分から』あいさつできる児童の育成」「自分の考えをもち、言葉や行動で表現する力の育成」を掲げ、ＰＴＡ総会で保護者に、全校集会で児童に説明した。教職員、児童、保護者で共有し、一体となって推進するためである。「あいさつの充実」については生徒指導主任と特別活動主任、「表現力の育成」は研究主任を中心に各部会で評価指標と具体的取組を立案させ、最終的には校長が決定した。年度初めの講話が浸透し、多様な具体的取組が提案された。それを人事評価制度における自己目標と連動させるように助言し、リーダーシップの発揮を促した。

「朝のあいさつ運動」
～立ち止まって、笑顔で元気に自分から～

気持ちのよい挨拶は、人と人との心をつなぎ人間関係を円滑に結ぶ重要な手だてであり、自己開示の一歩となる。生徒指導部会が挨拶の様式「いずなんのあいさつ」を規定し、教職員の率先垂範と「朝のあいさつ運動」、西門近くの「あいさつ通り」に大看板（長さ7メートル）を設置する等して全校化を図った。家庭教育学級や地域でも取り上げられ、教師と児童、児童同士の挨拶が、地域の方や保護者間に広がり、年度末の学校評価では児童、教職員、保護者とも成果指標を大きく超える結果を得た。

四　交流による社会性の育成

１　交流教育で育む共に生きる力

創立以来三十四年間、隣接する特別支援学校小学部と交流を重ね、現在に至っている。その目的は、互いを理解し、心通わせ、共に育ち合う力を育てることにある。

この交流教育は、親子二代で経験した家庭も多く、児童の心と行動に深く浸透している。道徳教育や特別支援教育の全体計画と関連をもたせた交流教育年間計画、総合的な学習の時間年間計画に基づいて実施する（次頁図1）。価値ある交流が体験のみに終わることがないように、年度当初、学習指導要領を示して総合的な学習の時間の目的や指導法を解説し、文部科学省『交流及び共同学習ガイド』に基づいて指導の留意点を話した。異校種間の交流を円滑に進めるためには、両校の児童の実態や指導法、交流の教育的効果を理解して率直に意見を交換することが鍵となる。交流連絡協議会に校長も参加して、連携・協力体制の強化を提案した。

　指導には適時性がある。自分を客観的にとらえ始める時期の四年生に、年間を通した交流を位置付けている。

　相手校の児童とパートナーを組み、毎週火曜日の昼休み相手校を訪問して一緒に遊ぶ。また、年二回（六月、十月）、相手校の児童を本校に招いて全校挙げて交流集会を開催する。四年生で交流を経験した高学年が中心になり、相手校の友達も楽しめるゲームやルールを工夫した出店を運動場全体に作って楽しんだ。

学校全体・各学級の交流テーマを掲げて行う「夏の交流集会」（6月）

　共に生きる力を育む上で大切な視点は、活動を振り返らせ、担任が児童の戸惑いも失敗も受け止めて児童自身が気付くように考えさせ、心が通じ合う喜びや関わる楽しさを、時間をかけて実感させていくことである。そこには教師の関わりが重要となる。ベテラン教員と若手教員では指導力に差があるが、学年主任や他の担任が若手教員に指導のポイントを助言し、学年で授業づくりを協議する姿が広がり、教職員集団としての協働性の育ちを感じることもできた。交流を重ねるごとに、低学年には相手校の友達をあるがままに受け入れる心が、中学年以上には互いによさを認め合い、相手のことを考えて関わる態度や思いやりの心が自然に身に付いている。

　さらに、新たな取組として、特別支援学校長の協力を

図１

互いのよさを認め合い、共に生きる心を育む交流活動

≪低学年≫	≪中学年≫	≪高学年≫
○年に２回の交流集会（6月・10月） ○上学年との交流（通年） ○地域の方との交流（通年）	○週に１回の支援学校パートナーとの交流（通年） ○年に２回の交流集会（6月・10月） ○地域の方，他学年との交流（通年） ○特別支援学校と本校特別支援学級との遊び場交流（10月）	○交流集会の企画、実践（6月・10月） ○下学年との交流（通年） ○未就学児との交流（10月） ○地域の方との交流（6月・1月）
知　る	理解する	実践力の発揮

図２【自分を知るアンケート】全14項目（４段階で自己評価）

項　　目
1　人前で自分の思いを発表することは好きだ。
2　話合いをしてよかったなと思うことがある。
3　授業中、進んで自分の考えを発表している。
4　考えを発表する時は理由がわかるように気をつけている。
5　友達の気持ちを考えて行動している。
6　場所や相手にふさわしい言葉遣いで話すことができる。
7　人が傷つくことは言わないように気を付けている。
8　自分は学級や学校の役に立っている。
9　友達と力を合わせて学級をよくしようとしている。
10　縦割り班で、周りのことを考えて行動している。
11　友達のことを考えて助けたり励ましたりすることができる。

得て、本校の特別支援学級の担任が特別支援学校の専門性を学ぶ研修を開始した。

２　異学年交流で培う社会性

少子化が進む中で、異学年交流は、異年齢の他者と関わり、思いやりや自己有用感、責任感、実践力を培うことが期待される活動である。一学年から六学年までを二十四班に分けた縦割り班活動（読み聞かせ、給食、業間遊び、朝のボランティア活動、緑化活動等）を、年間を通して設定している。交流の喜びや充実感を感じるように、事前学習や事後学習を意図的に行うことや児童の主体性を大切にした適切な関わりに留意させた。

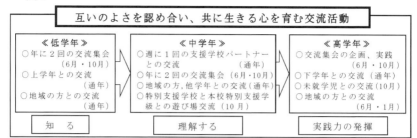

３　地域とのネットワークの強化

地域の人々と連携した活動や地域行事への参加は、児童に豊かな社会性を培い、地域や地域の人々への愛着、地域社会の一員としての意識を育むことにつながる。地域の方々は、児童に深い愛情をもつ学校の力強い応援団である。生活科や総合的な学習の時間に特色ある多様な体験活動（昔遊び会、ふれあい給食、肥後野菜の栽培、豆腐づくり、史跡探検等）を行い、児童の育ちに大きな役割を担って頂いている。この地域諸団体との連携を充実・発展させるために、リーダーシップの取れる教員を地域連携担当に位置付け、地域の方と活動の目的等を共有するコーディネーターの役割を担わせた。

本校区は地域コミュニティが機能し、街なかにありながらも、伝統行事の「どんどや」や「大綱引き」等の地域行事が学校を会場に行われている。多くの児童が参加して関わりを深めるなか、教職員の参加が少ない点が気になった。地域行事への参加は、信頼関係の深まりやネットワークづくりにつながる貴重な機会である。教職員にこの意義を伝えて参加を促した。

地域への貢献、学校便り等での児童の姿の発信、地域の会合に参加して連携を深めることも校長の重要な役割である。

五　校内研究に対する校長の指導性

平成二十五・二十六年度、熊本市教育委員会の研究委嘱を受けた。本校の児童に必要とされている自己表現力や人間関係を築く力、主体的に行動する力などは、これからの変化の激しい時代を生き抜く力として第二期教育振興基本計画にも示された重要な要素である。このことを踏まえて、研究主題を「関わりを深め自分の考えを表現できる児童の育成～道徳・国語科・特別活動における言語活動を通して～」とした。

研究主任に道徳教育に実績をもつ教員を配置し、研究副主任三人（道徳、国語科、特別活動各主任）を指名して研究推進体制を固めた。管理職、主幹教諭を含めた「研究推進委員会」を構成し、校長は、理論の構築にも積極的に関わった（次頁図3）。研究の基盤は温かい学級風土である。ｈｙｐｅｒ－ＱＵテストを新たに導入し、客観情報や本校独自の「自分を知るアンケート」（前頁図2）を活用して、学級経営の力点や対人関係スキル等の状況をとらえ、児童の関係性や学級集団の育成を図った。

自己の生き方について考えを深める道徳、自分の考えをもたせ対話力を育む国語科、よりよい意見に収束し、生活に生かす力を育む特別活動の指導が響き合って児童が育つ。

図3　研究組織

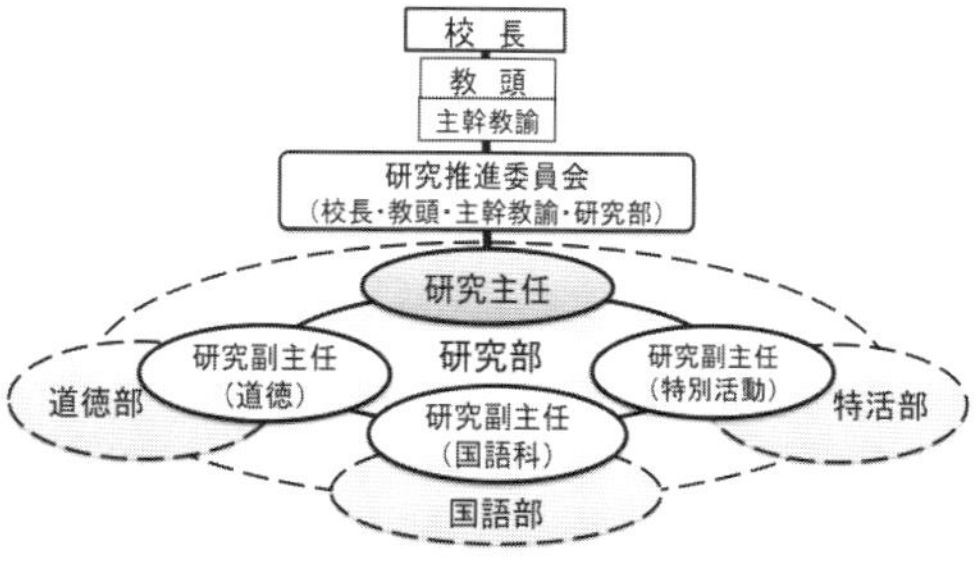

「研究の成果は子どもの姿。授業で子どもを変える」を合言葉に、研究主任のリーダーシップのもと、全職員で協働して教育実践に取り組んだ。育った児童の姿を想定して検証授業を行い、授業を通して有効な指導方法を積み上げることを促した。全員研究授業への取組、授業づくりの工夫や児童の変容等が職員室の話題として日常的に広がる中で、温かい関係性や考えを伝え合い、新たな考えに高める力、学習や生活に主体的に向かう態度が伸張してきた。

平成二十六年一月には、自主研究発表会を開催し、初年度の取組で育った児童の姿を公開した。県下から多数の参加があり、取組の確かさを実感する機会となった。

六　おわりに

豊かな社会性は、これからの社会を生き抜き、人間性豊かな社会を築く上で重要な能力であり、多様な体験活動や様々な人との関わりの中で徐々に培われていくものである。

本校では、約九割の児童が「自分にはいいところがある」と認識している。自分を知るアンケート結果も確実に向上している。それは、これまで継続してきた交流活動や新たな視点による授業等を通して培われたものである。そして、教育活動の充実や児童の変容は、本校教職員の意識の高さと協働性の向上によると考えている。

本校には素晴らしい地域コミュニティもある。更なる連携を図り、学校力と組織力を強化して、未来を築く児童を育んでいきたい。

2 豊かな社会性を培う教育課程

関わりの中で 豊かな人間性や社会性を培っていった取組

長野県岡谷《おかや》市立岡谷小学校長
宮坂 享

〈本校の概要〉

本校は、長野県のほぼ中央部に位置し、眼下に諏訪湖を見おろす自然豊かな高台にある。児童数二百六十名、十二学級、職員数三十名である。

本校の願い「笑顔と感動溢れる岡谷小」「個が輝く岡谷小」の具現化に向け、日々教育実践に取り組んでいる。

平成二十六年度は「子どもと共に創る授業」を全校研究テーマに、『教育課程研究協議会「算数科」』『学習指導研究会（公開）』などの研究発表校として、日頃の教育実践を基盤に教育研究を深め、次代を担うたくましく心豊かな児童の育成に努めている。

一 はじめに

本年度百四十一年目の歴史がスタート。「この仲間でよかった」「岡谷小でよかった」こんな思いで一年間を送り、かけがえのない一日一日を過ごせる学校でありたいと願っている。そのためにも、笑顔が溢れ、感動体験によって成長できる学校、自分が自分らしく成長できる学校を創り上げていきたい。このことは、学力保障と成長保障〔豊かな人間性と社会性〕を相即不離の関係として、学校教育目標やグランドデザインにも示している。

本校は「あかしあの丘」と呼ばれる自然豊かな教育環境の中、学校生活に楽しさを感じて前向きに活動したり、表現したりする児童が多い。また、本校の伝統や気風を尊重し、支えようとする地域や、学校を信頼し協力しようとする家庭に支えられている。自治的・自主的な校風をもとに、学び合い、磨き合い、伸び合う活動を伸張してほしいと願っている。こうした豊かな育ちを願い、社会性の深まりや広まりを活動の窓口に、本校教育課程を更に充実発展させていきたいと考えている。

二　校長の願うビジョンと意図的・計画的な働きかけ

年度当初の職員会議にて、一年間を共に過ごす仲間を目の前に、千利休の「和敬清寂《わけいせいじゃく》」という言葉を引用して、次のような話をして、私の願いを伝えた。

～4／1　職員会議資料「いと」より（抜粋）～

（前略）……千利休『和敬清寂』の解釈を、私たちの立場に置き換えて考えてみましょう。

居場所として安心感溢れる教室や学校、そしてここ職員室【和】。子どもや保護者と向き合う時の謙虚な心と誠実な行動【敬】。先入観にとらわれず、児童のありのままを受け止める、しなやかな心【清】。「ひたすらな心で、ひたすらに励む（大村はま先生）」教師としての私たちの営み【寂】、と考えます。つまり、本校に集う者として、和を大切にし、互いに尊敬の念をもち、信頼し合い心を一つにして、子どもたちの幸せのために精一杯取り組みたいものです。そうした営み総てが、子どもたちのためであり、そのことがよりよい学級や学年づくりに繋がっていくのです。

今日の出会いに感謝し、「チーム岡谷小」として組織で仲間で取り組むことのできる幸せを感じ、目の前の子どもたち、岡谷小の子どもたちのために、互いの「いと」を堅く強く紡いでいきましょう。一年間、よろしくお願いします。

信頼し合う職員集団づくりを進めながら、「豊かに心揺らし、揺れた心を行為へと繋げていこうとする」子どもたちの育成を強く願う。そのために、①組織で対応「チーム岡谷小」②一人の淋しい子もつくらない　③授業で勝負、実践で勝負　④学校を包む地域のよさを知る⑤人としての所作や振る舞いを大切にする、という五点を本校職員の心構えとしている。また、校長の願うビジョンを、職員会議のみならず職員個々との日常的な関わりのなかで語り合ったり、参観日の校長講話や校長室だより等で積極的に保護者・地域へと発信したりするなど、意図的・計画的に共通理解を図れるよう努めている。

三　ビジョンの具現に向けた取組と児童の変容の姿から

1　縦割活動を教育活動の中核に据えて

本校では社会性を、多くの人と出会い、双方向で「いと」を紡ぎながら自己実現していくなかで、自尊感情や自己有能感を高めていく姿ととらえている。

昨年度の卒業証書授与式。卒業生の歌声が流れ始めると、涙をためていた児童たちから嗚咽が漏れ始める。なかには号泣する在校生児童も。そんな姿は特に一年生に多い。卒業生との別れに、これほど涙を見せるのには…。

本校の特色ある活動の一つに、「あったか言葉」や「さわやかな挨拶」が響く自治的な気風を育む特別活動が挙げられる。児童会活動の中で特に重点としていることが、縦割班や仲良し学級間の活動である。交流委員会の仲良し交流集会、清掃委員会の縦割清掃、給食委員会の交流給食、図書委員会の読書郵便等々の様々なイベント的な活動に加え、特筆すべきは、各種教育活動の中にも年間を通して縦割活動が日常的に位置付けられていることである。

五月の仲良し学級やペアの顔合わせにより活動がスタート。児童会本部企画の月一回ペースで行われる交流集会、体力向上・交流を目標とした十月以降の毎週火曜日に、二十分間位置付けている縦割全校運動などを実施。縦割活動が更に児童主体となるべく、高学年のプレイリーダーと職員との事前打ち合わせを重視するよう、係職員に指示し、遊びを創り出し群れて遊ぶ集団作りを後押ししてきた。関わりながら運動できる時間を心待ちにしている児童が多い。

こうした仲良し学級の活動の中でも、特に一年生と六年生は多様な関わりを行っている。集会活動への手を繋いだりおぶったりしての入退場、休み時間の自主的なペアによる遊び、さらに、昨年度より図書館教育担当の職員と話し合いを重ね、火曜日の朝の読書タイムでペアへの読み聞かせを開始。関わりのよさが広まり、本年度は姉妹学級での読み聞かせ活動が、五年生と二年生にも広がるなど、一年間を通した日常的なペア活動が色濃く展開されている。

日常的かつ密接な縦割活動が、家族的な深い繋がりや多様な他者とお互いのよさを認め合い、協力し合う協調性を生み、内なる社会性を豊かに育んでいる。

２　異年齢集団との交流を通して

縦割活動を中心とした内なる社会性を育む活動と同時に、生活科や総合的な学習の時間での異年齢集団や、実社会との交流体験活動を大切に推進、展開している。ここでは、昨年度の四学年の取組を紹介する。

相手意識を深め、思いやりの気持ちをもてるようにと願い、校区内の乳幼児育成サークル『バンビの会』『すくすくキッズ』『プーさんの森』との二回の交流を計画。児童は、「私たちも笑顔で楽しみ、小さな子たちが帰るときにニコニコ満点の笑顔になれる交流会にしよう」と、活動スローガンを決め、事前準備を進めた。

一回目の交流会。零歳～三歳までの乳幼児を前に、ケガをしないように手をつないだり、目の高さに合わせて膝をついて歩いたりする子どもたち。また、分かりやすい言葉でゆっくり優しく話しかけたり、肩に手を置いて安心感をもたせたりするなど、事前学習や準備を生かして活動を進めていく。しかし振り返りの中では、自分たちは楽しめたが、計画した遊びを一方的に進めてしまったのではないかという反省があがった。

二回目の交流会。反省を生かし、より相手意識をもった活動を展開していく。準備した遊びに、なかなかのってこない乳幼児を前にしても、自分たちが用意した遊びを押しつけるのではなく、どう働きかけたら興味を示してくれるのか、そして笑顔を見せてくれるのか、トライ&エラーを繰り返しながら柔らかな関わりを続けていく。

乳幼児に分かるような端的かつ語尾の優しい言葉づかいで優しく話しかけたり、大きなアクションで感情を伝えたりと、相手の気持ちを思いやる子どもたち。見つめる瞳はどこまでも優しかった。

T児は活動後の感想に、

「思うようにいかないこともあったけど、笑顔を見たら嬉しい気持ちがふくらみました。僕もみんなから愛され大事に育てられてきたんだな。自分の心が少し優しくなれたような気がしました。」と綴った。人のために生きるよさ、そして、愛し愛されている思いを深くする貴重な交流体験活動となっている。

昨年度末、職員会議で豊かな社会性を育んだ本事例を紹介。異年齢集団との幅広い関わりを、一過的でなく可能な限り複数回計画していくよさや意味付けについて話し合い、職員相互の理解を深めた。本年度は、四回にわたる保育園児との交流活動を行う学年や、修学旅行での職業体験を起点に、保護者の働く職場や学区内の事業所・保育園等の施設で一日勤労体験を行う学年など、交流体験活動に積極的に取り組む学年・学級が多くなってきた。

こうした異年齢集団や実社会との交流体験活動が、相手を思いやる心や社会貢献の精神、他者との共生や仲間と協力することのできる協調性を生んでいる。そして、それらによって、教室での活動だけでは培うことの難しい、外なる社会性を豊かに育んでいる。

3 校長講話の実践から

私は校長講話の機会をことのほか大切にしている。それは、かけがえのない私・かけがえのないあなたを育むべく人権教育の日常化こそが、豊かな人間性や社会性を培うベースになっているという信念からである。

子どもたちが様々な価値にふれる中で、自分の心の有り様を振り返る機会になればと願い校長講話を構想。伝えたい主題が流れている絵本を選定し読み聞かせを意識的に取り入れたり、話題になっている出来事や身近な物を紹介したりして低学年児童の心も豊かに揺れるような工夫を心掛けている。以下、校長講話の主たる資料と、児童や職員に伝えたい私の願いを紹介する。

五月

主題　「一つひとつが、かけがえのない素敵な命」
「根を張り少しずつ変わろうとする自分に」

資料　絵本『さくら』 長谷川摂子 作
本校桜の写真と桜に込められた様々な願い

七月

主題　「すべての人や場所に感謝の心を」

「人に勝つことよりも、自分の心に負けない人に」

資料　「人のために汗や涙を流せるような生き方を」

WCブラジル大会でゴミ拾いをする日本人

敗戦しピッチで項垂れる長友選手に駆け寄る仲間

九月

主題　「自分のことのように友を応援し励ます仲間たち」

「ありがとうの言葉で、優しさを伝える」

資料　絵本『とべないほたる』　小沢昭巳　作

【九月の校長講話後に寄せられた児童の感想文から】

- （前略）応援してくれたほたるの友だちは、とてもすてきな友だちだと思いました。そんなことを言ってあげられる自分になりたいです。友だちのことを自分のことのように優しく考えられるように努力したいと思います。【三年Aさん】
- 校長講話で、僕は飛べないほたるの代わりに、身代わりになってつかまった姿に心がゆれました。友だちを守るために自分を犠牲にしたほたるを見習いたいです。人間もほたると同じで、自分には出来るけど相手は出来ないということが沢山あります。だからこそ助け合って学校生活をおくりたいです。【五年Yさん】
- 「とべないほたる」を校長先生に読んでもらい、その人ができないことは仲間で補い合えばいいという優しい気持ちの飛び交う内容に、大きく心を揺さぶられた。（中略）私は皆に励ましてもらったことは一生忘れないと思う。そして私も誰かを励まし助けることができる人でありたい。【六年Mさん】

寄せられた感想文の言葉。そこには、校長講話を聞いて心を揺らしたことと、前述した縦割活動や異年齢集団との体験交流活動によって培われてきたことを結びつけ、学びの繋がりや自らの心の育ちとして綴っている。

このことはまさに、本校の子どもたちが、多様な関わりの中で豊かな人間性や社会性を培ってきている姿を表しているように思われる。

１年生のペアの子に読みきかせをする６年生

一方、子どもの学びの姿を職員室で嬉しげに語り合ったり、翌日の授業の教材について聞き合ったりする職員の姿を多く目にするようになってきた。それは、校長の願う五つの心構えが職員にも浸透し、愛しき子どもたちのためにと、一所懸命に取り組む姿に他ならない。こうした子どもとともに歩もうとする本校職員の姿にも、確かな手応えを感じている。

四　おわりに

昨年度の八月三十一日、岡谷市全員協議会により、児童の安全安心を最優先に考え、軟弱地盤に立地する本校校舎が現地での建て替え困難との判断から、本年度末の閉校と近隣校への統合が決定された。子どもたちにとって、大きく心揺らす事実をつきつけられることとなった。

二学期早々に市長から説明を受けた子どもたち。感想文の中には、「学校が分かれることになりました。残念だけど、あと一年半あるので頑張りたい。」「学校を離れるまで先生やお友達といっぱい遊びたい、いっぱい勉強したい。」等々、素直な思いが綴られていた。

切ない現実を真正面から受け止め、残りの日々を精一杯過ごそうと心に決める子どもたち。そして、新しく友達が増える楽しみを語り、統合後の学校生活に期待感を寄せ始める子どもたち。現実に心を揺らしながらも、自分の気持ちに折り合いをつけ、ひたむきに歩もうとする子どもたちとともに、残された日々を職員一丸となって取り組んでいきたい。

3　豊かな社会性を培う体験活動

心豊かにたくましく生きる子の育成

愛媛県東温市立東谷《ひがしだに》小学校長

鈴　鹿　基　廣

〈本校の概要〉

本校は、愛媛県東温市の山間に位置している。校区は、白猪《しらい》の滝、唐岬《からかい》の滝、滑川《なめかわ》渓谷など、美しい自然に恵まれている一方で、過疎化、少子化が進む。児童数三十七名、五学級で、一・二学年が複式学級である。教育目標「心豊かにたくましく生きる東谷っ子の育成」の具現化に向け、地域の協力を得ながら教育活動に取り組んでいる。

平成二十五年度からの二年間は、愛媛県教育委員会の「環境教育推進事業」の研究指定を受け、地域の豊かな自然や人材を活用し、地域総ぐるみで取り組む教育を推進してきた。

一　はじめに

本校には、遠くからでも一目で分かる四本の大くすのきがあり、学校のシンボルとなっている。樹齢約百二十年の巨木で、幹回り三～四メートル、高さは約二十五メートルもあり、二階建て校舎を優に越える。四本の木の枝が絡まり合う姿は、まるで大きな傘のようである。このくすのきのおかげで、校庭には涼しい木陰ができ、休み時間はブランコや鉄棒などの遊具に子どもたちが集まり、元気な声が響く。

四月から五月は、くすのきの葉が入れ替わる時期で、校庭にはまるで雪が積もるように葉っぱのじゅうたんができる。子どもたちは、登校するとランドセルを置き、教職員と一緒になって、掃き掃除から一日を始める。

4本の大くすのき

「くすのき委員」と呼ばれる児童会役員を中心に、自主的に行う活動である。そんな子どもたちを温かく見守ってくれる保護者や地域の方も、学校の教育活動に大変協力的である。

一方で、地域は過疎化、少子化が進み、児童数や家庭数も年々減少しており、平成二十五年度に校長として赴任した当初、かつてはあったであろう学校の勢いが失われつつあることを感じた。そこで、協力的な地域の力を借りながら、本校ならではの体験活動を推進し、小規模校である本校の子どもたちにも豊かな社会性を育み、自信と誇りをもたせたいと考えた。

二　グランドデザインによる経営方針の明確化

本県では、全ての小中学校が学校の経営方針を分かりやすく図式化したグランドデザインを作成することとなっている。グランドデザインは、教職員、保護者、地域が学校の経営方針を理解し、その具現化に向けて協力して取り組み、評価するというサイクルを確立するのに有効である。換言すれば、「みんなが分かり」「みんなを巻き込み」「みんなで振り返る」ために作成しているものである。

校長として赴任した学校において、そのグランドデザインを変更することは勇気がいる。前校長の手腕によって学校経営がそれなりにうまくいっている場合などはなおさらである。しかし、必要に応じて新しい風を吹き込むのも、新たに赴任した校長の務めである。

私は、赴任一年目にグランドデザインを大幅に変更した。シンプルで分かりやすいもの、より視覚に訴えるものにしておきたかったからである。そして、学校の教育目標や目指す学校の姿なども次のとおり修正した。

・学校の教育目標

「心豊かにたくましく生きる東谷っ子の育成」

「児童」から「東谷っ子」に修正し、地域を愛し、地域を誇りにして頑張る子を育てたいとの願いを示した。

・目指す学校の姿

「児童と教職員が共に学び、共に育つ学校」

「教師と児童」から「児童と教職員」に修正し、児童を中心に、全ての「教職員」が全ての児童に関わって、共に成長する学校を目指したいとの思いを示した。
・目指す学校教育の姿
「連携・協働し、地域総ぐるみで取り組む教育」

目指す学校教育の姿をグランドデザインに明示し、地域総ぐるみで取り組む教育を今まで以上に推進していくことを誓った。

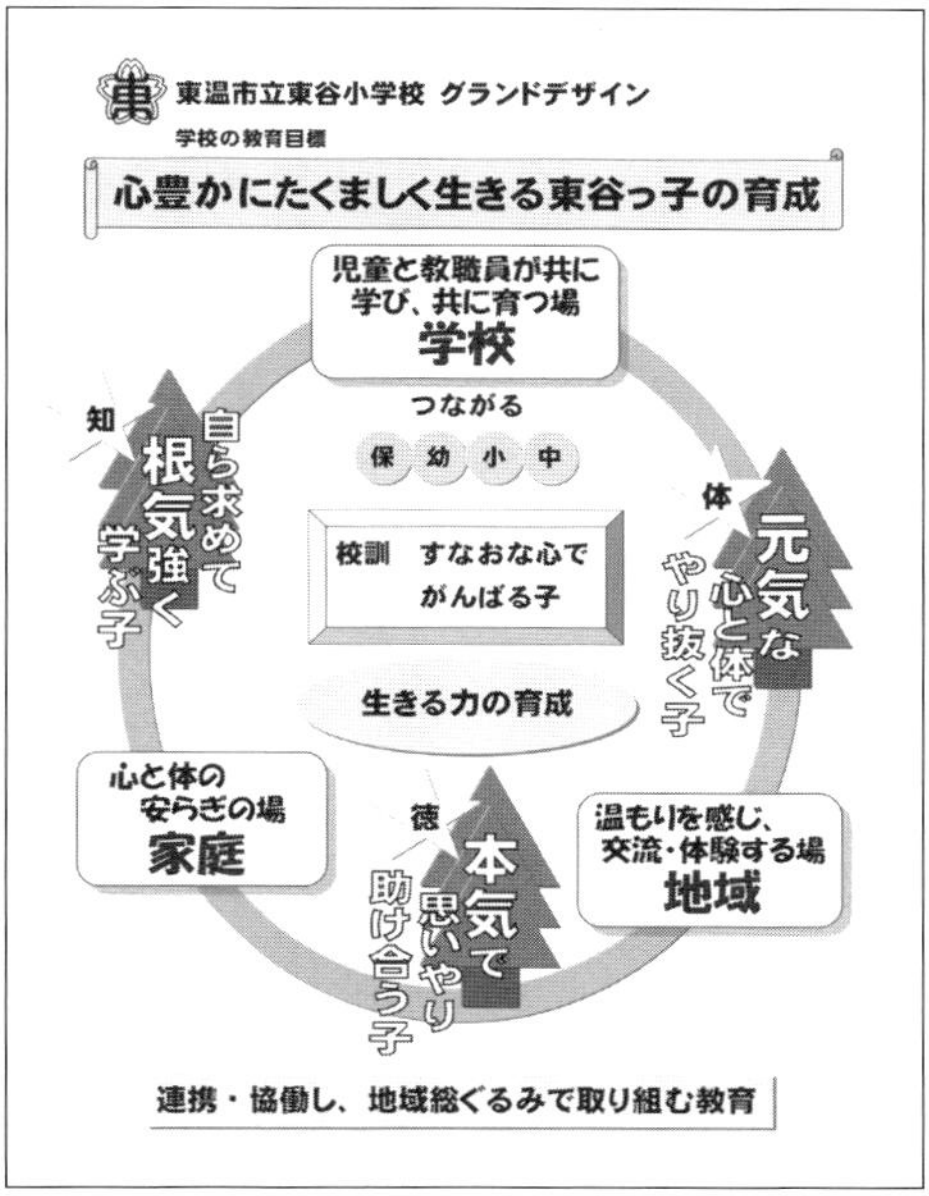

三　具体的実践

1　地域を巻き込んだ体験活動

(1)　地域の財産である棚田の活用

本校の校区には、日本の原風景とも言える、昔ながらの美しい棚田が広がっている。これまで大切に守られてきた地域の財産である。その棚田を使った田植え、稲刈りを子どもたちに体験させたいと思い、地域に協力を依頼した。棚田を無償で提供してくれた方をはじめ、多くの地域の方の指導を受け、子どもたちは生き生きと体験活動に取り組んだ。その際、教職員や子どもたちには、体験活動は米作りのごく一部に過ぎないことや、地域の方の善意があればこそできる体験で、感謝の気持ちをもってさせていただこ

棚田での田植え体験

う と指導した。

さらに、棚田を活用した一連の取組として、収穫した餅米での餅つきや、稲わらを活用したしめ縄作りも行った。これらの活動においても、地域の方を指導者として招き、地域の伝統・文化を学ぶ機会とした。子どもたちは、様々な体験を通じて、地域の方との交流を深め、かけがえのないふるさとのすばらしさを感じた。そして、自分たちの住む東谷のことが大好きになっている。

(2) 学校と地域が一体となったイベント

本校では、隣接する幼稚園や地域と合同で、春に「東谷運動会」を実施している。計画の段階から、地域の代表者に関わってもらい、運動会のための実行委員会を開催して準備する。児童数が減少している中、地域種目が入ることで、一人一人の出場種目にはゆとりが生まれ、運動会自体の運営もスムーズにできる。何より子どもたちの活躍を多くの地域の方が応援してくれることが、子どもたちにとっても教職員にとっても大きな励みとなっている。

また、夏休みには、幼稚園・小学校・地域が合同で楽しむイベント「東谷夕涼み会」を開催している。軽スポーツ、バザー、コンサート、花火大会など、盛りだくさんの内容で構成され、多くの人が訪れる。このイベントにおいても、準備段階から地域の全面的な協力を得ており、三世代交流の良い機会であるとともに、学校自慢の行事となっている。

2 地域への貢献活動

(1) 花いっぱい運動

地域との連携・協働を進めていく上で、学校が地域に一方的に協力を求めているだけでは、よい関係を築くことはできない。教職員には、地域貢献の視点から、学校も主体的に活動することが求められていることを日頃から指導している。

その一つとして「花いっぱい運動」を行っている。子どもたちが学校で育てた花を、近隣の保育所や福祉施設に贈る活動である。人にプレゼントできるものをと、子どもたちも水やりや草引《くさび》きなどの作業を進んで行い、苗の状態から花をしっかりと育てる。そして、育てた花は、自らの手で直接施設に届けるようにしている。その際、施設の方からいただく温かいねぎらいの言葉で、栽培の苦労も報われ、次の活動への励みにつながっている。この活動は、日頃お世話になっている地域の方に喜んでもらうということだけが目的ではない。花を大切に育てて贈ることを通して、人への思いやりや感謝の気持ちなど、一人一人が大切なことを学んでいる。

(2)　地域のお年寄り訪問

地域のお年寄りが集まる「なごみサロン」を子どもたちが訪問して、定期的に交流活動を行っている。合唱や運動会のダンスを披露したり、事前に準備したゲームをお年寄りと楽しんだり、手作りのプレゼントを渡したりする。そうした活動を通じて、年長者を気遣い敬う心が自然に育っている。また、お年寄りからは、「子どもたちから元気をもらった」と大変喜ばれ、次回の交流を心待ちにしているとの感想が寄せられている。

(3)　地域のイベントへの協力

校区の名勝地である白猪の滝で、秋に実施される「白猪の滝祭り」には、毎年本校の子どもたちが招待され、運動会で踊った「東谷ソーラン」の演舞を披露する。「東谷ソーラン」は、4年生以上が揃いの法被を着て踊る迫力のある演舞である。3年生以下の子どもたちもいつかは自分たちも踊りたいと憧れ、本校の伝統となりつつある。地域の方も大変楽しみにしているお祭りのメインイベントで、子どもたちの元気な姿が、地域を元気付けることにつながっている。

白猪の滝祭りでの東谷ソーラン

3　情報発信

(1)　各種たより・ホームページ

学校の様子を地域に発信する手段として、月一回の学校だより、週一回の校長室だより、年一回の学校紹介の文集を発行している。学校だよりは校区の全家庭に、文集は校区の賛助会員（後援会費への協力者）に配付している。校長室だよりは保護者のみへの配付であるが、学校だよりとともにホームページでも公開している。ホームページは、校長の仕事として毎日更新し、学校での子どもたちの様子を伝えることを中心に、保護者や地域へのお知らせやお願いなども掲載する。各種たよりと併せて、子どもたちの生の声を載せたり、校長の考えを伝えたりすることにより、地域の学校教育への理解が確実に深まっている。

(2) 学習発表会

どの学校でも、学習成果発表の場として学習発表会や学芸会等を行っているであろう。本校では、二学期末に学習発表会を実施している。全校の家庭数は三十にも満たないのに、発表会当日は会場の体育館が満員となる。保護者や家族以外にも、一年間何かとお世話になった地域の方をはじめ、多くの方が子どもたちの様子を楽しみに見にきてくれるからである。子どもたちが地域の宝として大切にされていることを実感する。

そのように多くの方が見守り応援してくれる中で、子どもたちも精一杯の学習成果発表を行い、充実感、満足感を味わっている。

四 おわりに

明るく素直な子どもたち。教育熱心で協力的な地域、保護者の方々。現在の東谷小学校は、市内でも多くの教職員が一度は赴任したい学校の一つであると自負している。

しかし、こうした状況は一朝一夕にできあがったものではない。これまで東谷に勤務してきた先輩の教職員、卒業生、地域、保護者……。多くの方々のおかげで今の東谷がある。

子どもたちの豊かな社会性も、地域の様々な方々との交流を通して、しっかりと育まれている。ここで仕事ができることへの感謝の気持ちを忘れず、この伝統を受け継ぎながら、更に東谷の教育を発展させていきたい。そして、地域からの学びをより深めながら、教職員一人一人が自分の仕事に誇りと責任をもち、子どもたちとともに生き生きと楽しく通える学校、家庭や地域から信頼される学校づくりを進めていきたいと考える。

第四章　新たな教育課題に挑む校長の学校経営

提言

新たな教育課題に挑む校長の学校経営

――着眼大局、着手小局――

大阪府堺市立大泉《おおいずみ》小学校長

餅 木 哲 郎

一 はじめに

平成二十五年六月に閣議決定された第二期教育基本計画は、現在の日本の状況を危機的状況ととらえている。そこに示された「少子化・高齢化の進展による社会活力の低下」「地域社会・家族の変容による人と人のつながりの希薄化」などは子どもの生活にも少なからぬ影響を及ぼし、学校教育に求められる課題は山積している。

時を同じくして、全国連合小学校長会が「新たな知を拓き 人間性豊かな社会を築く 日本人の育成を目指す小学校教育の推進」を研究主題とした。新しい知の意味するところは、人類の進歩に貢献するような先端の科学的・文化的知見であるとともに、様々な現代の課題を解決する新たな知恵や気付きでもあろう。その目指すところが「人間性豊かな社会を築く」という価値であることを明確にしていることで、新たな知の本質が規定されている。子どもたちを人間性豊かな社会を築く主体者に育てるために、校長として大局を展望し、「今、ここから」（小局）を出発点にして新たな課題に挑んでいきたい。

二　新しい教育課題とは何か

教育課題を二つに分類してみると、一つは学校の外から求められる社会の要請による課題であり、もう一つはそれぞれの学校の中に生まれる課題である。

前者の代表的なものは、文部科学省や市町村教育委員会の方針に基づく教育課題である。具体的には第二期教育振興基本計画等に示された小学校中学年以下への英語（外国語）の導入や道徳の教科化、インクルージョンの思想に基づいた（特別支援）教育などが新しい重要な課題である。その他、○○教育などとして学校にもち込まれる様々な教育課題も少なくない。今後、首長の考えに基づく新たな課題も増えてくると予想される。

後者は日々の教育活動を進める上で、学校が重点的に取り組む課題や解決しなければならない課題である。具体的には、学力向上も含めた指導要領に基づいた教育の充実、発達障害等特別支援の必要な児童への対応、いじめや不登校問題など生徒指導上の課題解決、食物アレルギーをもつ児童への安全な給食の提供、職員のメンタルヘルスの維持向上、若手教員の指導力の向上などが挙げられる。

前者より後者のほうが、学校にとってはリアリティのある課題が多いが、元々学校が必要として進めていたものが、文部科学省によって全国に展開されたものもあるし、元々外部から持ち込まれたものが、内部の改革を進める重要な課題になることもある。

新しい教育課題に取り組むことを検討する際、校長として心に留めておくべきことがある。例えば、教育社会学者の刈谷剛彦《かりやたけひこ》氏の次の意見は無視できない。刈谷氏は「いいと思うもの」をどんどん挙げてリストに付け加えることを

「ポジティブリスト」と表現し、「日本の教育って、完成品を作るための完全なポジティブリスト主義に、どんどんなっているように見えます」と増田ユリヤ氏との対談『欲張りすぎるニッポンの教育』(二〇〇六年　講談社現代新書)で語っている。

子どもが知っていたりできたりするとよいことは沢山ある。しかし、子どものキャパシティにも、教職員のキャパシティにも、時間にも制限がある。何かを始めるには今までやっていた取組を中止するかボリュームを小さくする必要がある。その上で、取り上げようとする課題が挑戦すべき課題かどうかの判断をしていくことが肝要である。この視点を欠くと、学校の多忙化は一層進み、これまでの教育成果の多くを失いかねない。

このように言うと、学校の外から求められる課題を扱う余地がないと主張しているように思われるかもしれないが、むしろ、第二期教育振興基本計画に示された「自立」「協働」「創造」の教育の理念をもとに、これまでの学校の取組を見直すことが新たな出発点になると考える必要がある。

三　新たな課題に挑む学校

多くの課題の中で何をターゲットにするかを的確に判断することは実は容易ではない。この目標設定は学校総体の洞察力が問われるとともに、日本の教育施策の課題でもある。このことについては後述する。

新たな課題に挑むことの意義は「チャレンジすることを通して、力のある学校になる」ということである。チャレンジには失敗もあるが、取り返しのつかない失敗でない限りそれは次の取組への学びとなる。現状維持は後退であるから、校長としての選択は日々の改善へ進むことである。

力のある学校は、「学校のチーム力が高いこと」、「地域や保護者が学校を信頼し支えていること」、「生き生きした子どもがいること」の三点を基準としたい。この力のある学校にも常に課題があるが、何が課題かが共有されており、教職員にも子どもにも自分たちの成長の手応えが感じられる。それ故に、新しい課題に対しても積極的な気持ちで向かう学校でもある。

大阪大学の志水宏吉《しみずこうきち》教授のグループは「確かな学校力の八つの要素」を挙げている。それは、①気持ちのそろった教師集団　②戦略的で柔軟な学校運営　③豊かなつながりを生み出す生徒指導　④すべての子どもの学びを支える学習指導　⑤ともに育つ地域・校種間連携　⑥双方向的な家庭との関わり　⑦安心して学べる学校環境　⑧前向きで活動的な学校文化　である。志水教授は調査研究を通して、これらの要素がうまくかみ合っている学校が、全ての子どもに対して、本来の力を発揮させることに成功した「力のある学校」だと分析している。

先にあげた三つの基準に停滞が認められると判断した時、この八つの要素を一つずつ見直していくことで停滞の原因を見いだすことが容易になる。

四　チーム力を高める学校経営

1　目標の共有が鍵を握る

教育実践の進んだ学校では、その学校が目指していることを尋ねると、教職員の誰からも同じ答えが返ってくるという。目的目標を共有した教師集団こそ、校長として目指すところである。

そうなるために、まず学校の方針をはっきりさせなければならない。校長のリーダシップのもと、ＲＰＤＣＡサイクルのＲＰの部分を丁寧に検討したい。学校の方針（Ｐ）の意味や背景を教職員全体で共有するためには、国全体の動きも視野に入れながら、学校教育自己診断などの資料も参考にして、全教職員で現状分析をすることが不可欠である。

校長は特に視野を広げて、これからの教育の目指す方向を示しながら、主に教職員の意見を聴くことを大事にしたい。誰にも出番があるようにブレーンストーミングやＫＪ法などを取り入れる。経験年数の少ない教職員には、子ども時代の思いなどを話してもらう。彼らが、ベテランの定型的な見方を打ち破ることもないことではない。また、それぞれが新しい課題に対して「自分なら何ができるか」を考えるように働きかけることが当事者意識を高めることにつながる。

このような会議の結論は、適当な時間をおいて出すようにしている。二、三日の間議論を寝かすことで、個人で反芻したり次の手だてを考えたり、意見交換が生まれる。非公式の意見交換の場には校長も一人の同僚として参加している。そこは校長にとって学校経営への貴重な情報を得る場となる。

課題意識が醸成されると、いよいよ学校の方針（目標と方法）を定めることになる。方針は言葉で表現されるが、冒頭のような実践の進んだ学校では、何年もの実践の紆余曲折の中で、確信と自信に裏打ちされた実践イメージが言葉として共有されている状況が実現されている。そこでは言葉で表現されないイメージ（暗黙知）がポイントになっており、こうすることで子どもたちのこんな姿が期待できるという見通しがある。このことにならい、目標はできるだけ子どもの具体的な姿として共有できるものにしたい。例えば、「自分の考えの変遷を振り返ってノートに書ける子ども」とか、「時間内は黙々ときびきびと隅々まで掃除をする子ども」などである。また、方法についても、いつ、誰が、何をするのか、その評価はいつするのか、ということも具体的に決めていくことが必要である。

もうひとつ大事なことは、目標も取組も最も重要な一つのことに集中することである。

日本の学校はポジティブリストで多くの課題への取組を求められているので、一つに絞ることは容易ではない。ピーター・ドラッカーはかつて「イノベーションを成功させるためには、小さくスタートしなければならない。大がかりであってはならない。具体的なことだけに絞らなければならない」と言っているが至言だと思う。事実、厳しい課題のあった学校で効果を上げた学校のほとんどが一つのことを徹底するところから始めている。先ほどの無言掃除を徹底した学校では、人事評価の重点項目の一つを清掃指導にしながら徹底した。その結果、教員と子どもがともに汗を流し掃除をする学校になり、学級の人間関係が良くなるとともに学力も目覚ましく伸びたのである。

目標と取組を絞ることで、全ての教員が何をどうするかがはっきり分かり、確実にその一点で子どもの成長を促すチャンスをつかめると考える。一つのことができるようになった自信は、子どもにも教員にも次への意欲につながる。この自己有能感こそ新しい課題に挑戦する時に大きな力になるのである。

２　評価は早めにフィードバックする

次に、ＲＰＤＣＡサイクルのＤＣの場面で校長が配慮すべきことは、短い期間で評価していくことである。学校教育自己診断などで教職員・全児童・全保護者・学校協議委員の内部評価者に加え外部評価をするとなると、その事務量から一年間に何度もできない。しかし、新たな課題に取り組む場合、実施（Ｄ）に対する早めの評価（Ｃ）が必要である。目的と方法をそろえたつもりでも、新しい取組については言葉で表現されないイメージ（暗黙知）はまだ乏しいため、教職員と学級によってずれや見落としが出てくる。そのまま時間が経てばたつほど実践のずれは大きくなり、修正ができなくなる。

前年度の反省を踏まえ、学級の初期指導を重点的に取り組んだことがある。取組の一つに「自分の言葉で子どもに語りかける」ということがあった。一週間が経過した時点で、私は児童にアンケート調査をした。「この一週間の先生の話で心に残ったことはどんなことですか。」という質問に対して、「みんなが成長できる学級にしよう」「一人が話しをしているときには、みんなが聴くクラスにしよう」「辛いことが言える仲間になろう」などの回答もあったが、多くが無回答であった。担任は学級の児童に語りかけているが、ほとんど子どもには届いていないことが分かったのである。

この結果がフィードバックされることで、教職員に新たな課題意識が目覚めたことは言うまでもない。

結果が予想どおりでなかった時に教員は、目的目標に向けたより的確な手だてを考える。また、予想通りあるいはそれを越える成果が見えたなら、実践に手応えを感じることができる。また、実践してみて初めて見えてくることもあるし、教員の経験値による差を早めに修正することができるのである。いずれにしても新しい課題へのチャレンジには、長いスパンのＲＰＤＣＡサイクルとともに、短期のＰＤＣＡサイクルによる早いフィードバックが欠かせない。

３　組織づくりと人材育成

新たな課題に取り組むと決めたら、校長として授業研究の機会を十分保障するとともに、組織的なＯＪＴでの研修ができる体制を作ることが必要である。教職員の力量形成につながる組織づくりは、課題達成に直結する。

これからの教員にはキー・コンピテンシーを身に付けてほしいと考えている。キー・コンピテンシーは、複雑化・高度化する時代・知識基盤社会に対応する能力だからである。また、キー・コンピテンシーを身に付けた教職員は子どもたちのモデルになり、子どもたちのこの能力を伸ばす指導者となるからである。

したがって、新たな課題に対する授業研究やＯＪＴの研修においても、キー・コンピテンシーの考え方を生かし、学び方（文献のあたり方、図書館の利用方法、インターネット利用のこつ、本物との出会い方など）を身をもって学ぶことを重視したい。この研修は平板になりがちな授業を立体的にする効果がある。また、教職員に読書から要旨をまとめ批判的な意見を書く課題を与えたり、英語圏への旅行を薦めたり、校長自ら世界を見に出かけ視野と教養を広げるように努力する事にも積極的でありたい。選択肢の広い時代だからこそ、教職員には良いもの美しいものを見てほしいと思う。また、一見学校づくりに関係のなさそうな読書や旅行、あるいは趣味などを互いに交流する事が、職員相互の関係を深め、学校の協働を進めることにつながってくる。

第二期教育振興基本計画の提示した「今後の社会の方向性」の三つの理念「自立」「協働」「創造」はキー・コンピテンシーを核にしてこそ実現できる社会であることは間違いない。

五　おわりに

新たな課題解決に向けて学び続ける学校に、保護者や地域も巻き込みたい。しかし、これは地域差や学校間の差が支障となる。地域のつながりが希薄であっても、できるだけ保護者と担任が協働できる機会を作りたい。保護者の「半日副担任」や、子どもの頑張りを保護者と担任で称賛する「三者懇談会」など様々な工夫を校長が仕掛け、保護者が担任と学校への愛着をもてるようにしたい。

学校に次々と押し寄せる「新しい課題」を消化できるとしたら、それはなによりも子どもの力である。キー・コンピテンシーという頭と心の使い方を身に付けた子どもは、新しい課題にも果敢に挑戦していく。学び方が分かることによって、理解が深まり知識も増えていく実感が楽しいのである。

これから始まる小学校中学年英語に対して、専門家の間に賛否両論がある。私は、発達障害の子どもが中学校の英語でつまずくことが多いと聞いていて、以前からとても気になっていた。しかし、避けて通れることではない。そこで、英語パイロット校の様子を校長に尋ねた。すると、これまで友達とほとんど話すことができなかった一人の子どもが、英語活動を通して友達と会話ができるようになったという話をしてくれた。子ども自身が新たな課題を自分の成長につなげたのである。子どもの笑顔がイメージできたとき、この課題に向かう光が見えてきた。

これからも新しい課題が矢継ぎ早に学校にやってくる。決して翻弄されることなく、着眼大局・着手小局をもって、教職員の心を一つにして、自律的な学校経営を確立していきたい。

実践事例

1 道徳教育の充実

転換期の道徳教育に対応する学校経営

東京都西東京市立向台《むこうだい》小学校長

飯　島　英　世

〈本校の概要〉

本校は、東京二十三区に隣接する西東京市の閑静な住宅地にある。児童数七百八十五名、二十三学級であるが数年後には児童数千名、三十学級を超す見込みのため本年度新校舎を増築している。

平成二十三年度から教育目標「よく考える子」「思いやりのある子」「健康な子」「進んでやりぬく子」の具現化を目指して道徳教育の研究を始めた。平成二十四年度からは二年間、西東京市教育委員会研究指定校として「心豊かな子～心に響く道徳教育～」を主題に研究し、本年度も研究成果に基づいた教育実践を進めている。

一　はじめに

私は学校経営の基本方針として、「よいところをもっとよく」を掲げ、これを学校標語としている。この基本方針は、校長として着任した四校全てに一貫して掲げているものである。子どもたちが、互いに尊重し合い安心して学校生活を過ごす中で、一人一人が自分の良さを自覚するとともに、互いに認め合い磨き合うことで、自分への自信を深め、もてる力を主体的に発揮しようとすることを期待するからである。そのために一番重要なことは、「子どものよさを見付け、認め励まし、それを伸ばす教育観」（肯定的評価観）である。全ての教師が、肯定的評価観に基づく指導力を研くとともに、その上で子どもの最善の利益を基軸とした学校運営を進める重要性を認識して実践することが私の経営観の柱である。

平成二十三年度に着任するに当たっての事前情報は、学校内外での子どもの問題行動が多く、授業中騒がしい学級もあり、保護者からの苦情も様々寄せられるというものであった。着任してすぐに感じたことは、教師がこのような様々な対応に追われる中で、子ども一人一人の個性や努力を肯定的に受け止め、それを伸ばそうとする状況にないということであった。そこで、肯定的評価観に基づく教育観や指導力を教師全員に、できるだけ早い段階で浸透させるとともに、保護者や地域とも共有し、相互の連携を強くすることを学校経営上の最優先課題とした。

前任者との引き継ぎでは、校内研究の教科等は未決定とのことだったので、私は着任時に、経営方針の中で道徳教育の研究を提示した。学力や体力向上など様々な教育課題が山積する本校において、道徳教育の研究を進めることこそ、教師も子どもも学校も変わり、保護者や地域の信頼を厚くすることができると考えたからである。

二　道徳教育を推進するために

研究を進めるに当たって、何人かの教師から強い反対意見が出された。理由はいろいろ挙げられたが、一番は異動してきたばかりの校長が校内研究の教科等を決めることへの不服であった。しかし、核心は道徳そのものへの抵抗感であろうと考えられた。そのため、校内研究は教員の職務として校長の責任で行う研修の場であり、研修内容を校長が示すことは当然であること、そして今、道徳教育の充実が喫緊の教育課題であることを説いた。

そして、経営方針の中で、道徳教育の重点目標「思いやり」「生命尊重」「規範意識」の三つを明示した。

三　心に響く道徳教育の研究

1　質の高い研究を進めるために

一年目の研究は教師の実態を考慮し、道徳の時間の指導に焦点を当て、道徳の時間はどんな時間で、どのように授業を進めればよいかを理解することを重点とした。

そして二年目以降は道徳の時間を要とした全教育活動を通した道徳教育を充実することに力点を置いた。

私は、校内研究はできる限りシンプルな内容にし、全ての教師が本気になって研究実践を重ねることが重要であると常々考えている。傍観的な教師がいると全体の雰囲気の停滞に繋がり大きな成果は望めない。教師が本気

研究構想図

社会の期待・要求

「生きる力」
「豊かな人間性」
柔らかな感性、正義感や公正さを重んじる心、基本的倫理観・社会貢献の精神など（学習指導要領道徳編解説より）

西東京市の教育目標（抜粋・キーワード）

知性、感性を磨き、道徳心や体力を高め、人間性を豊かにし、国際社会の平和と発展に貢献することを願う。
「互いの生命と人格の尊重」「思いやりと規範意識」「勤労と責任」「個性と創造力」「伝統・文化の尊重、自然と郷土を愛する、環境保全に寄与」

学校の教育目標

○よく考える子
◎思いやりのある子
○健康な子
○進んでやりぬく子

研究主題　心豊かな子　～心に響く道徳教育～

互いの生命を尊重し、思いやりと規範意識をもち、人としてよりよく生きようとする子

児童の実態

・友達に優しく接しようという意識は、もっている。ただし、仲のよい友達に限られている面がある。だれに対しても思いやりの心をもち親切にするという点が課題である。
・ほとんどの児童は、動植物の世話をした経験があり、命は大切なものだということは感じているが、命の大切さの自覚は不十分である。
・分かっていても、なかなかきまりを守れない児童がいる。また、公共の場所でのマナーについて意識の低い児童がいる。

道徳教育の重点・教師の願い

・思いやりの心をもち、進んで相手の立場に立って、親切にする子
・生命がかけがえのないものであることを自覚し、自他の生命を大切にする子
・社会生活上のきまりや基本的なモラルを守るとともに、自分の義務を果たそうとする規範意識をもつ子

研究仮説　道徳の時間を要として、心に響く道徳教育を展開すれば、心豊かな子に育つだろう。

育てたい児童像

学校標語「よいところをもっとよく」

低学年
・友達と仲良くする子
・命を大切にしようとする子
・きまりを守ろうとする子

中学年
・相手の気持ちを考えて、行動する子
・命の大切さを考えて、自分や友達を大切にする子
・きまりの意味に気付き、守ろうとする子

高学年
・だれに対してもやさしく接し、助け合う子
・限りある命について考え、自分や友達、身の回りの命を大切にする子
・きまりの意味を考えて、守ろうとする子

道徳教育の推進

道徳の時間における指導
各教科等における指導
他の教育活動における道徳教育
家庭・地域との連携における道徳教育

各分科会の研究授業・提案

道徳の時間における指導
○教師の指導力向上
○「道徳の時間」の充実

各教科等における指導
○道徳教育の観点とのかかわりを意識して実践

研究の視点
○資料提示の工夫　○話し合い活動の充実

になるために大切なことは主体性をもつことと、効果的で優れた指導・助言を受けることである。そこで、本校では、事前研究授業も含めて、毎年全教師が研究授業を実践することにし、研究授業には全て全国小学校道徳教育研究会の歴代顧問の先生方を指導講師として招聘した。

さらに、教科等における道徳教育の研究授業では、それらの講師に加えて各教科等の専門性の高い学校管理職や教育委員会指導主事を依頼し、複数講師体制をとった。

また、東京都では平成十年度から全公立小中学校で道徳授業地区公開講座を開催し、全学級の道徳授業を公開しているため、研究授業を含めると本校の教師は年間二回、道徳の授業公開を実施することになる。

それらの指導案全てを、道徳教育推進教師が事前に内容チェックし、その後校長が指導・助言を加えた。

研究主任には、校内研究の推進計画の立案・運営と組織間の調整、道徳教育を進めるための校内環境の整備、児童の実態調査等を担わせた。

2　心に響く道徳教育

道徳教育は、家庭や学校生活における子どもの様々な体験を通して感じたり考えたりする道徳的価値を道徳の時間に補充、深化、統合して内面的な力としての道徳的実践力を育てるとともに、生活指導や特別活動、各教科等の指導を通して様々な道徳的行為や習慣等について指導することなどして、その実効性を高めることが大切である。しかし、様々な道徳的価値を子どもが主体的に受け止め実践につなげる意欲をもたなければ大きな成果は望めない。そこで「子どもの心に響く道徳教育」を目指した。

心に響くとは、感動、共感、葛藤等によって、心が揺さぶられることである。

本校では、全教育活動を通して心に響く道徳教育を展開するために、「道徳の時間における指導」「各教科等における道徳教育」「他の教育活動における道徳教育」「家庭・地域との連携における道徳教育」の四つを柱にした。

(1)　道徳の時間における指導

道徳の時間のねらいを達成するためには、子どもがねらいとする価値に関わる問題意識をもち、意欲的に考え、主体的に話し合い、友達の考えを聞きながら自分自身との対話を深める「心に響く」学習活動を工夫することが重要である。そこで、次の二点に焦点を絞った。

①資料提示の工夫

ねらいとする道徳的価値について考えを深めるために資料提示のポイントを

(ア)一回の資料提示で子どもが資料内容を理解できる

(イ)資料の内容に興味を持ち、登場人物の気持ちになって考えられる

と、とらえ工夫することにした。

大型紙芝居を使った資料提示

②話合い活動の工夫

話合い活動を通して、価値理解、人間理解、他者理解を深めることができる。児童の発達段階と学級の実態を踏まえ、内容項目に即した工夫をすることにした。

(2) 各教科等における道徳教育

道徳の時間以外の年間八二〇〜九五〇時間を超す各教科等の一時間一時間の指導における道徳教育の積み重ねは大変重要である。各教科等の特質に応じた道徳性の育成を図る視点として次の三つを挙げた。

①指導内容との関わり

各教科等には、道徳的価値に関係することが含まれている単元等がある。それらについて、本校の道徳教育の重点も踏まえ、一つを重点内容項目として年間指導計画別葉に位置付け指導することにした。

②学習活動や態度との関わり

各教科等では、学習場面において学習態度や学習習慣が育まれていく。それを道徳教育の重点を意識して年間指導計画別葉に位置付け指導することにした。

③教師の配慮・感化

教師の態度や配慮は道徳性の育成に大きな影響力をもつ。そこで、肯定的評価観を大切にした指導を進めることにした。

(3) 他の教育活動における道徳教育

生活指導や給食指導、清掃活動等の特別活動など、全ての学校生活で肯定的評価観に基づく温かい言葉掛けを大切にすると同時に指導すべきことは毅然とした態度で指導することが道徳教育の実効性を高めることに繋がる。

本校では、地域クリーン活動や挨拶運動、全校用や学級用の掲示版を活用した道徳コーナーの設置、そして毎年四年生全員で続けてきたウサギの飼育を土日や休日に広げるなど、新たな教育活動に取り組んだ。さらに、職員朝会を廃止し、朝は担任が教室で、看護当番が昇降口で、児童を温かく迎え入れるなど、登校時の職員体制を変更した。

登校時に昇降口で迎える看護当番

(4)　家庭・地域との連携における道徳教育

子どもたちの道徳性は家庭や地域の影響を大きく受けて育まれていく。そこで、「基本的な生活習慣」や「家庭学習の手引き」などのリーフレットを作成・配布したり、学期ごとに「生活見直し週間」を設けて基本的生活習慣の見直しをするなど、家庭との連携に力を入れた。また、ラジオ体操や餅つきなどの地域行事に学校が協力することにも力を入れた。

四　おわりに

今、本校では子どもの問題行動が減り、保護者からの苦情もほとんどなくなった。四年前とは比較にならないほどである。もちろん、子どもに対する教員の表情も穏やかで、肯定的評価観、「よいところをもっとよく」が定着したようである。平成二十五年の教育再生実行会議の提言を受け、中央教育審議会で道徳教育の充実について検討され、「特別の教科　道徳（仮称）」を要とした道徳教育について実効性を高めるべく具体化が進んでいる。今、道徳教育の大きな転換期にあり、学校が重視すべきは人格の基盤となる子どもたちの心の育成を核とした教育活動の更なる充実である。

本年度は東京都教育委員会の依頼で、全学級で東京都道徳教育教材集を使った道徳授業地区公開講座の授業公開をした。家庭・地域と連携した道徳教育を進める機会としたい。教師が変われば学校が変わり、子どもが変わる。今後も、道徳教育の質をより一層高め、地域の心の拠り所となる学校を創っていきたい。

2　体力向上

子どもたちの言葉を整えることで、心・行動・習慣を整える

大分県大分市立荏隈《えのくま》小学校長

山﨑敦夫

〈本校の概要〉

本校は、大分市の中心部から南西に約五キロメートル、車で十分程の場所にある。児童数三百八十三名、十六学級で今年度はスタートした。学校教育目標に「心身ともに健全で知性と創造性に富み、正しい判断力とたくましい実践力のある人間性豊かな子どもを育てる」を掲げている。平成二十五年度から平成二十七年度までの三年間、体力向上推進事業「体育専科教員活用推進校」として、大分県より指定を受けている。平成二十六年度より学校研究も「心身ともにたくましい荏隈っ子の育成」とし、体育授業の充実を図り、子どもたちの体力向上を目指している。

一　はじめに

私は、平成二十二年度より大分県が採用を始めた民間人校長となり、本年度で五年目を迎えている。小学校の校長として初めて教育現場に入り、子どもたちの様子をつぶさに観ながら最初に感じたことは、日頃何気なく使っている言葉がとても気になるということだった。子どもたちは、何かあるとすぐに「無理です」「駄目です」「できません」と口癖のように簡単に言う。また、友達同士で平気で「キモイ」や「ウザイ」、「ムカツク」などを言い合っている。テレビやゲーム、漫画等の影響だろうが、何気なく使っているこれらの言葉は、無意識のうちに子どもたちの心に働きかけて、そのような行動をとらせてしまう力がある。この口癖とも言えるマイナスの力をもつ言葉をプラスの力をもつ言葉へと整えることが大切だと考え、そのことを学校経営の中心に本年度は据えている。三年前のある研修で、元ヤンキースの松井秀喜選手が卒業した石川県の星稜高校の野球部の部室に掲げてあるという言葉に出会った。「心が変われば、行動

が変わる。行動が変われば、習慣が変わる。習慣が変われば、人格が変わる。人格が変われば、運命が変わる」。

私たちの仕事は、子どもたちの運命を左右するものであり、その運命を決定づける心・行動・習慣をできる限り良いものとするために、言葉に着眼してみた。子どもたちがいろいろなことを思い浮かべる時には、言葉をその拠り所にすることが多いだろう。心を整え、行動を整え、習慣を整えるには、まず使っている言葉から整える必要がある。言葉が整えば、心、行動も整い、習慣も整っていくだろう。子どもたちが、より多くの良い習慣を身に付け、本校の教育目標にあるような子どもに成長していく土台をつくっていくことが大切である。

前向きで積極的な言葉、優しく丁寧な言葉、元気で肯定的な言葉の使用を子どもたちに奨励し続けること、もちろん教職員の言葉も必然的にそういった言葉に変えていかないといけない。学校だけでなく、毎日の生活の様々な場面で、丁寧な指導を繰り返すことでしか成果が生まれないと考え、保護者へもＰＴＡ総会の時に、重点方針として説明を行った。

二　体力向上は人格形成のための根幹部分

体力向上を、ただ単に体力だけの限定的な部分でとらえると、その取組は広がりが難しいと考える。よく知・徳・体のバランスのとれた教育が必要であるといわれるが、多くの脳科学者によると、体を動かすことで、脳の前頭前野の部分が活性化され、脳の健全な発達が促されるそうである。そして、脳が健全に発達するということは、精神面も健全に発達することとなり、知・徳・体のバランスのとれた発達に、運動がもたらす効果はとても大きいようである。ある調査によると、子どもたちの一日の平均歩数は昭和四十年代では、約二万七千歩（約十三・五キロメートル）、昭和五十年代では、約二万二千歩（約十一キロメートル）、平成十九年では、約一万三千歩（約六・五キロメートル）となっており、子どもの体力の低下及び精神面や学力低下にも少なからず影響を及ぼしているようだ。昭和四十年代の子どもたちと比べて歩く距離だけでも半分以下となり、外遊びの習慣も減っている状況で、体力を向上していくことは、並大抵のことではできないだろうと考える。本校でも、校区は比較的狭く、学校までの通学で歩く距離はせいぜい一キロメートルくらいの子どもがほとんどである。また、雨などの天気が悪い日には、保護者が車で送り迎えするケースも多く見かける。社会体育で、運動に親しんでいる子どももいるが、半分にも満たない数である。そんな現状を把握して、昨年度のＰＴＡ総会の場で、運動が脳の健全な発達に及ぼす好影響を話し、子どもたちの運動習慣の確立へ保護者の協力を求めた。現在は、昔と違って学校・家庭・地域が、意識して子どもたちに体を動かす機会を確保しなければならない社会状況と言えるだろう。

三　体育の授業の充実と運動習慣の定着に向けた取組

1　現状分析

平成二十五年度より、「体育専科教員活用推進校」の指定を大分県より受け、本格的な体育授業改善と子どもたちの運動習慣の定着に向けた取組を行ってきた。校長として着任と同時にスタートした「体育専科教員」、九州の小学校では大分県が初めて導入し、あまり前例のない中で、試行錯誤の取組から始めていった。平成二十四年度の本校の全国体力・運動能力テストの結果では、全国平均（平成二十三年度）を上回った項目は、全校で二七％と低く、筋力をはじめ、瞬発力・巧緻性・持久力・柔軟性等のどれも日常的な運動で鍛えなおす必要性を感じた。当初の子どもたちの様子を見ていると、「運動の仕方を知らない」子どもが多いことも分かった。例えば、ボール投げで「真っすぐに投げられない」「遠くに飛ばすための投げ方が分からない（できない）」子どもや、上体起こしで、「どこに力を入れるかを知らない」などである。「運動の仕方・体の使い方」を、授業で指導していく必要があると思われた。

2　平成二十五年度の成果と課題

(1)　組織を逆さまのピラミッドへ

学校での主役は、あくまでもその学校に通う子どもたちである。そして、その子どもたちと最も良く接するのがクラス担任や授業をする教員であり、その教員が子どもたちのために自由に指導できることが最善と考え、図

通常時の組織図

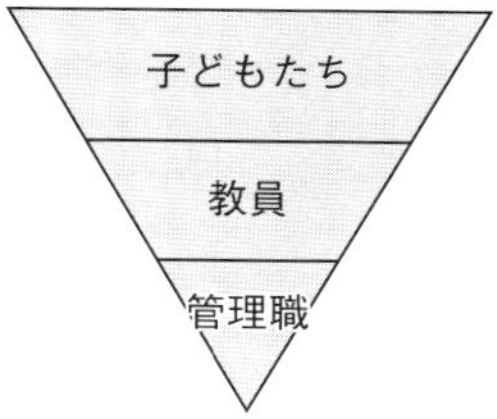

非常時の組織図

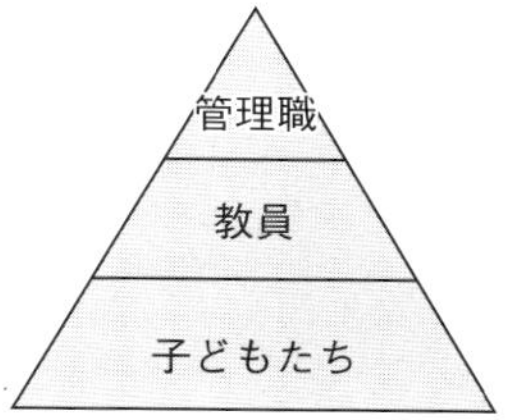

のような組織を全教職員に提示し、理解を求めた。

通常時は、教員が目の前の子どもたちのために最善と思うことを適時実行し、管理職はそれをサポートする役割に徹する。ただし、非常時（防災や防犯対応）には、ピラミッド型の組織で、命令系統を機能させる組織に変更することも徹底した。これは、体力向上というよりも、学校全体が自由闊達で活気あふれる組織を目指したものである。この組織づくりにより、風通しの良い雰囲気をつくり上げることができた。

(2)　授業改善と啓発活動

体育専科教員として加配された教員とは、常に話し合いを密にもちながら、初年度の活動を進めていった。授業では、体育に限ったことではないのだが、始まりと終わりで「語先後礼《ごせんごれい》」を徹底するようにした。授業の最初と最後で、教員と子どもたちが礼を合わせることはとても大切である。一般社会では、「語先後礼」が普通であり、そのことを小学校でも徹底しようと試みた。子どもたちは、ルールとコツを教えるとすぐに習得し、習慣化ができた。意外だったのは、保護者からの反応で「見ていてとても気持ちが良い」、「素晴らしい」などの声が多く寄せられた。一般社会でのルールやマナーを少しずつ教えていくこと、そしてそこには必ず理由があることなども子どもたちに教え、習慣化させることで学校が少しずつ落ち着いた雰囲気に変わっていった。

体育専科教員が行った授業については、もともと専門であるので、みごとであった。全ての子どもが次々と繰り出される活動に引き込まれ、圧倒的運動量を、楽しみながらこなしていた。最初は無理のないように、準備運動や体つくり運動から、徐々に体ほぐし運動や走力を鍛える運動へと変化させていった。結果、体育専科教員が担当する三、四、五年生は、体育の授業が楽しいと感じる子どもの割合が九〇%を超えるようになった。子どもたちへの啓発活動では、全校の子どもたちが必ず通る階段の踊り場を体育専用の掲示板とし、そこに全国体力・運動能力テストの結果などを掲示していった（写真1）。また、保健室前の廊下には、走り高跳びや走り幅跳びの世界記録を紙テープで示し、子どもたちの関心を引くような仕掛けも行った（写真2）。三、四、五年生の担任は、T2として体育専科教員の授業を学習できるのだが、その他の教員については随時『体育通信』を体育専科教員が発行し、その授業の内容やコツを伝える努力を継続していった。PTAでの授業参観や地域へのオープンスクールの日には、必ず体育専科教員の授業を一時間以上設定し、保護者や地域への啓発活動も怠らなかった。体育行事も従来の運動会と持久走大会に加え、長縄跳び大会を大分市内の他の小学校と連携して実施、他校と競争しながら、子どもたちの向上心を上手に引き出す行事も新たに設定した。また、体育に関する全校目標を月ごとに設定、達成者は名人として表彰状を贈る取組も始めた。さらに、体育授業の前や中休みに必ずサーキットトレーニングを行うなどのルールも定めて、体力つくりに取り組んでいった。

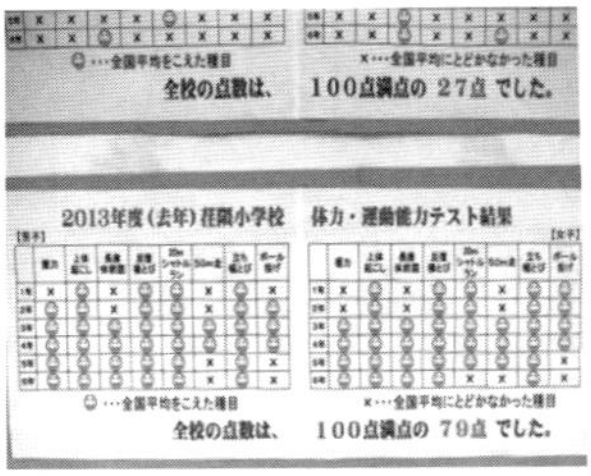

写真1

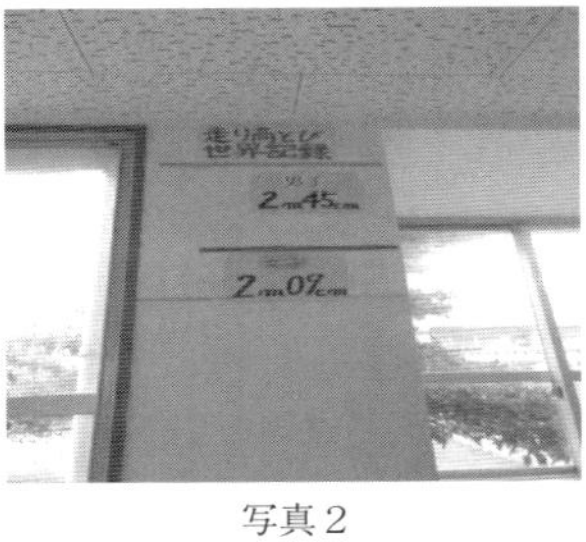

写真2

(3)　成果と課題

以上のような活動を通して、体育専科教員が担当する子どもたちは、運動習慣もかなり定着し全国体力・運動能力テストの結果も大幅に改善がみられた（次頁表1）。全国平均を超えた種目は○、とどかなかった種目は×で表示。前年度二七％であった全国平均を上回った種目は、七九％まで伸びていった。しかしながら、体育専科教員が担当する学年以外の子どもたちは、体力アップはできたのはできたが、全校平均ほどではなかった。これは、やはり体育の授業力の差に起因するものが大きいと思われる。さらに、運動経験の不足による自信の無さがかなりの子どもたちに見受けられ、失敗を恐れての否定的な言葉も多く聞かれていた。経験不足を補う意味でも、まずは失敗を恐れない心を育てる必要性も感じた。

3　平成二十六年度の取組「選択と集中」

常々教職員には、あれもこれもやろうとするのは、何もしないのと同じであると言っている。重点事項を絞り込んで、そこに全力を集中させることで、成果が現れ、波及効果も生まれていく。今年度、本校では子どもたちが日頃使っている言葉を整えることを、体育の授業を中心に実践することを選択し、そのことに集中している。

(1)　校内研究を体育へ

昨年度の課題の一つ、体育専科教員と他の教員の体育における授業力の差を埋めるために、今年度から校内研究を体育にすることを、昨年度の終わりに校長のリーダーシップのもとに決定した（次頁写真3）。多くの教員も自分と体育専科教員との体育の授業力の差を昨年度に痛感しており、自分の授業力を磨いて子どもたちの体力向上に貢献していきたいとの思いが強かった。今年度は、各学年で必ず一つの研究授業を行い、検証を行うことにしている。

(2)　言葉を整える

体育の授業に限定したものではないが、平成二十六年度に一つの合言葉をつくった。「できる、できる、やればできる」、この合言葉を事あるごとに、子どもたちに説明、この言葉を使うことで自信を付けさせるよう試みた。こ

表1

平成25年度体力・運動能力テストの結果

【男子】

	握力	上体起こし	長座体前屈	反復横とび	20mシャトルラン	50m走	立ち幅跳び	ボール投げ
1年	×	○	×	○	○	×	○	×
2年	○	○	×	○	○	×	○	○
3年	○	○	○	○	○	○	○	○
4年	○	○	○	○	○	○	○	○
5年	○	○	○	○	○	○	×	×
6年	○	○	○	○	○	○	×	×

【女子】

	握力	上体起こし	長座体前屈	反復横とび	20mシャトルラン	50m走	立ち幅跳び	ボール投げ
1年	×	○	×	○	○	×	○	○
2年	×	○	×	○	○	×	○	○
3年	○	○	○	○	○	○	○	○
4年	○	○	○	○	○	○	○	○
5年	○	○	○	○	○	○	○	○
6年	○	○	○	○	×	×	○	×

平成24年度体力・運動能力テストの結果

【男子】

	握力	上体起こし	長座体前屈	反復横とび	20mシャトルラン	50m走	立ち幅跳び	ボール投げ
1年	○	○	○	×	×	×	○	×
2年	×	×	×	×	○	×	×	×
3年	×	×	×	○	×	×	○	×
4年	×	×	×	×	○	×	×	×
5年	×	×	×	×	○	×	×	×
6年	×	×	○	×	○	×	×	×

【女子】

	握力	上体起こし	長座体前屈	反復横とび	20mシャトルラン	50m走	立ち幅跳び	ボール投げ
1年	×	○	○	×	×	×	○	×
2年	×	×	○	○	○	×	×	○
3年	×	×	×	○	×	×	○	×
4年	×	○	○	×	○	×	○	×
5年	×	×	○	×	×	×	×	×
6年	×	×	○	×	×	○	×	×

の合言葉は、想像以上に子どもたちに受け入れられ、生活の様々な場面で使っている様子が見受けられている。どんなことでも、やってみること、そしてやり続ければ、大抵のことはできるようになることを体験した子どもたちは、次第に失敗を恐れずに、色々なことに挑戦することができるようになるだろう。たった一つの合言葉でも、言い続けることによって、きっと好循環を生み出せると信じて、子どもたちに語りかけている。体育の授業では、体を動かすことに焦点が当てられがちであるが、その他にも、他者との関わりを学ぶコミュニケーション能力（写真4）やチームプレイでの作戦や練習方法の話し合い（写真5）など、言葉を駆使することがとても多い。その言葉が、前述のように前向きで積極的な言葉、優しく丁寧な言葉、元気で肯定的な言葉によるものが多ければ、きっと子どもたちは体を動かすことを肯定的にとらえ、運動習慣も定着していくのではと考えている。

写真３　九州各県の教育委員会の視察の様子

写真４

写真５

(3)　フェアプレイの精神の尊重

本校では特に、フェアプレイの精神の尊重は最優先事

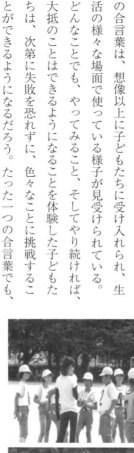

項としてとらえており、運動会や持久走大会、なわ跳び大会などの体育的行事や通常の体育の授業で、必ずこの精神の尊さを子どもたちに話しかけている。

三本柱として「①ルールを守る、②自他の頑張りを尊重する、③自分を誤魔化さない」を設定、勝ち負けよりも大切なこととして徹底を図っている。このフェアプレイの精神の徹底ができれば、子どもたちの人格形成にも大きな良い影響を及ぼすと信じている。

四　おわりに

今年度の全国体力・運動能力テストの結果は次のようになった（下表２）。

ほぼ全ての項目で全国平均をクリアすることができた。また、体育の授業を楽しいと感じる子どもの割合が、アンケート（一学期末）の結果九七％まで増えてきた。体育の授業を見てみると、子どもたちの間で励ましやほめる言葉が頻繁に聞かれるようになり、笑顔の中で一生懸命体を動かす姿が全員に見られるようになっている。

体育の授業を柱として、子どもたちの言葉を整えることで、学校の中が次第に規律正しく落ち着いたものとなってきている。昨年度と比較して、授業中の発言はかなり整ってきたが、休み時間や学校外ではまだまだ不十分であるとも感じている。ただし、当初聞こえていた「無理です」「駄目です」「できません」は、ほとんど聞こえなくなった。言葉を整えることは、とても地道な活動であるが、そのことが子どもたちの心・行動・習慣を整えることに有効だという手ごたえを感じている。体育の授業では、その効果がより明確に見えるので、今後も体育の授業を柱としながら、子どもたちの言葉を整えることで、子どもたちがどう変容していくのか、成果を検証していきたい。

表２

平成 26 年度体力・運動能力テストの結果

【男子】

	握力	上体起こし	長座体前屈	反復横とび	20m シャトルラン	50m走	立ち幅跳び	ボール投げ
1年	○	○	○	○	○	○	○	○
2年	○	○	○	○	○	○	○	○
3年	○	○	○	○	○	×	○	○
4年	○	○	○	○	○	○	○	○
5年	○	○	○	○	○	○	○	○
6年	○	○	○	○	○	×	×	×

【女子】

	握力	上体起こし	長座体前屈	反復横とび	20m シャトルラン	50m走	立ち幅跳び	ボール投げ
1年	○	○	○	○	○	○	○	○
2年	○	○	○	○	○	×	○	○
3年	○	○	○	○	○	○	○	○
4年	○	○	○	○	○	○	○	○
5年	○	○	○	○	○	○	○	○
6年	○	○	○	○	○	○	○	○

3　教員の授業力向上

校内研修こそ学校の生命線

秋田県大仙市立大曲《おおまがり》小学校長

毛　利　博　信

〈本校の概要〉

大仙市は、秋田県の南東部に位置し、人口八万七千人足らずの自然豊かで閑静な街である。市内大曲地区では、毎年八月第四土曜日に「全国花火競技大会」が開催され、各地から七十万人を超える人々が集う。

本校は、その大曲地区中心部にあり、児童数七百九十七名、三十一学級の大規模校である。教育目標は「こころひらいて　ゆめをそだてる」で、優しく豊かな心と、困難に負けず夢に向かい歩む、たくましい心をもった児童の育成を目指している。平成二十年の教育課程「特別活動」研究以来、学級活動充実を学校活性の基盤としている。

一　はじめに

本校では、特別支援学級（三学級）を除き、全ての通常の学級（二十八学級）において、学級担任は持ち上がりをしない。一年勝負を鉄則としている。

その理由は、子どもたちにできるだけ多くの教師と、深く関わってほしいからである。私は、子どもにとって最も影響が大きい教育環境は教師であると考えている。女性教師、男性教師、それぞれの温かさや厳しさに触れながら育ってほしい。若手、中堅、ベテラン教師、それぞれの良さを感じながら、異なる人的教育環境の中で、たくましく成長してほしいと願っている。

しかし、子どもや保護者から「今年は、指導の上手な先生で良かった」「今年の先生は、子どもをよく理解してくれる先生で良かった」「昨年の先生の方が良かった」「今年は、ハズレだ」そのような声が聞こえたとしたら、学校の負けであり、私の怠慢だと思っている。職員数は六十四名で、そのうち、日常的に授業を行っている教師は、三十八名である。個性豊かな教師集団である。その個性を最大限に尊重しながらも、授業の質、授業力においては、限りなく高いレベルの〝等質〟であってほしい。「全員が高いレベルの授業力を有するなど理想に過ぎず、現実には不可能である」とのご批判を受けるかもしれない。しかし、子どもや保護者からの教師に対する期待、学校への願いを受け止めたとき、その理想を追い求める責任が、校長にはあると考えている。

その思いから、週一回、年間四十五回の校内研修が実践され、教師相互の学び合いと磨き合いが、日々続いている。

二　校内研修の拠り所

本校校内研修の拠り所は、研究主題（研究テーマ）にある。今年度の研究主題は、「学習の仕方を身に付け、課題を見いだして考える児童の育成～読解力を高める言語活動の工夫と実践を通して～」である。私たちは、この研究主題の中の「読解力」を、単に「文章を読み解く力」とは受け止めていない。より広く、「読解した上で考える力」「読解し考えた上で、聞く・話す・書くこと」ととらえている。加えて私は、「目の前にある課題を理解し、解きほぐし、解決へと結びつける力」ととらえてほしいとの要求を出した。その意図は、学校教育で身に付けた学力と、社会生活の中で役に立つ力とが限りなく等しくなったとき、それが「生きる力」であると考えていたからである。そして、子どもたちに「生きる力」としての「読解力」を身に付けさせるためには、学年の壁を越え、教科や領域の垣根を取り払い、全教職員が同じ方向を向いて、全力で指導に当たる必要があると考えたからでもあった。つまりは、校内研修に全教職員で取り組むことの必然性を確立させたかったのである。

これまで、数多くの校内研修や、他校の先生方との研究活動を経験してきた。そして、研修目的が不明確であったり、問題意識や必然性のない研修も多くあった。校内研修

小グループでの授業研究

における校長の役割とは、「校内研修に、全教職員で取り組むことの必然性を創り出す」ことと、「主体的、意欲的に取り組むための条件整備」であると受け止めている。そのためにも、研修は楽しいものでなければならない。

三　本校校内研修の特色

次に、本校校内研修の特色について、三点述べたい。

一点目は、「学級活動」と「学級づくり」に関わる研修内容が、年度当初に、他の研修に優先して行われることである。次ページの校内研修年間計画にあるように、四月から六月の研修内容として、「学級づくり」「特別活動に関わる教室経営」「学級活動校内研究会」「学級活動年間計画の作成」と、学級活動や学級づくりに関する内容が盛り込まれている。年度初日の四月一日、定期人事異動により着任したばかりの教師が十数人いる中、いきなり「学級づくり」についての研修が実施されるのである。そして、五月末の「学級活動校内研究会」では、継続して本校在職の、低・中・高学年の学級担任代表三名が、本校独自の「学級活動の基本」に沿った学級活動を提示した後、分科会と全体研究協議が行われる。

なぜ学級活動の研修を優先させるのか。もちろん年間校内研修は、研究主題に沿って進められるが、居心地の良い「学級づくり」なくして、その先の研修は考えられない。そして、その基盤は「学級活動」にある、と判断しているからである。私は、子どもたちが楽しい学校生活を送るために、学校が生き生きとして活力を生むために、確かな学力の定着のために、そして研究主題に迫る上でも、学級活動充実が要《かなめ》であると確信している。その理念は、平成十九年度に国立教育政策研究所から教育課程「特別活動」研究指定を受けて以来のものである。私は、その折の学級活動充実という財産を失わないよう研究を継続し、さらに、踏襲ではなく新たな改善を加え続けて、前進させようと訴え続けている。学級の中で、思ったことを話すことができ、

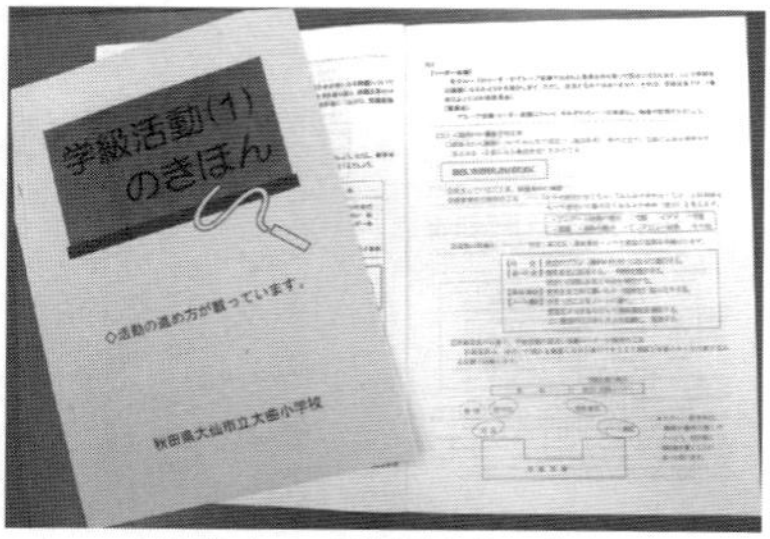

本校独自の「学級活動の基本」

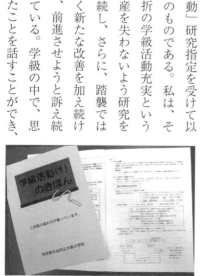

何でも聞いてもらえる。そんな土壌のないところに話し合いや学び合い、そして磨き合いは成立し得ない。

それは、職員室内の人間関係においても同じであろう。


だからこそ、年度当初に学級活動や学級づくりに関する内容を盛り込み、共に進んでいきたいと思うのである。

二点目は、全員に年度内最低一回、校内研修会での「授

校内研修年間計画

回	月	日	曜	主　な　研　修　内　容	形　態
１	４	１	火	学年・学級づくりについて　今年度の研究の方向，計画について（確認）	全体・研究推進委員会
２		２	水	特別活動に関わる教室経営について	全　体
３		３	木	諸講習・諸講座及び授業研究会について	全　体
４		２３	水	全国学力・学習状況調査の採点と分析について	学年部・担当者
５		２４	木	カリキュラムデザインの見直しについて	学年部
６	５	１５	木	計画訪問及び校内研究会について	主任会・学年部
７		２２	木	国語科マトリックス型年間単元重点一覧表の見直し	全体・学年部
８		２６	月	算数科の共通実践事項の確認	全　体
９		２９	木	学級活動（１）（２）校内研究会（授業３学級）	学年部会・全体
１０	６	６	金	学級活動年間指導計画の作成	全体・学年部
１１		１０	火	算数科指導案構想検討会（７／１，１１の授業に向けて）	学年・算数部
１２		１３	金	指導主事計画訪問「少人数加配」（少人数授業・全員授業）	全　体
１３		１６	月	算数科指導案検討会（７／１，１１の授業に向けて）	学年・学団部
１４		２３	月	Ｑ－Ｕの実施について	全　体
１５	７	１	火	算数科校内研究会（授業２学級）	学年部会・全体
１６		１１	金	指導主事計画訪問「算数科」（授業２学級）	学年部会・全体
１７		２２	火	前期前半のふり返り	学年部・全体
１８	８	２１	木	Ｑ－Ｕの効果的な利用法について	全　体
１９		２５	月	各種伝達研修	全　体
２０		２７	水	特別支援支援セミナー	特支部・全体
２１		２８	木	算数科校内研究会（授業２学級）	学年部会・全体
２２	９	４	木	指導主事計画訪問「支援加配（養教）」(全学級授業・生徒指導研修会)	全　体
２３		９	火	算数科校内研究会（授業２学級）	学年部会・全体
２４	１０	２	木	特別支援学級スキルアップ授業研修①	特支部・担当者
２５		９	木	特別活動について（Ｂ講座の伝達研修）	全　体
２６		２３	木	総合的な学習の時間指導案検討会（１１／６計画訪問に向けて）	学年・学団部
２７		２９	水	特別支援学級スキルアップ授業研修②	特支部・担当者
２８		２９	水	家庭科指導案検討会（１１／１４計画訪問に向けて）	学年・学団部
２９	１１	６	木	指導主事計画訪問「総合的な学習の時間」（授業２学級）	学年部会・全体
３０		１４	金	指導主事計画訪問「家庭科」（授業２学級）	学年部会・全体
３１		１９	水	国語科校内研究会（授業２学級）	学年部会・全体
３２		２０	木	国語科指導案検討会（１２／９，１６の授業に向けて）	学年・学団部
３３		２７	木	指導主事計画訪問「理科」（授業２学級）	全体・学団部
３４	１２	１	月	国語科校内研究会（授業２学級）	学年部会・全体
３５		９	木	指導主事計画訪問「国語科」（授業２学級）	学年部会・全体
３６		１６	火	国語科校内研究会（授業２学級）	学年部会・全体
３７		２４	水	研究紀要の作成・年間指導計画の見直し・校内研究発表会について	全　体
３８	１	１５	木	今年度の研修のふり返り（成果と課題）と発表会の準備①	全　体・学年部
３９		２２	木	今年度の研修のふり返り（成果と課題）と発表会の準備②	学年部
４０		２８	水	県学習状況調査の分析について	学年部・学団部
４１	２	１０	火	学級活動（１）・（２）校内研究会（授業３学級）	学団部・全体
４２		１８	水	平成２６年度校内研究発表会	全　体

業提示」を義務付けていることである。そのことは、多忙な教職員の毎日にあって、負担なことであろうと理解しているつもりである。しかし私は、校内研修メンバーである同僚が、本気で授業者の成長を願い授業を参観し、研修会に参加して真摯に意見交換をすれば、授業者の多忙感や負担感は、逆に充実感と今後の意欲に変わると思っている。

私自身、これまでの教職生活の中で、苦しかったこと辛かったことは数えきれない。それが貴重な体験となり、糧となったのは、同僚の理解・支え・激励によるものであった。年一回の校内研修での「授業提示」は、同じ職場で努力し合うことの意義と喜びを共有する場であってほしい。校内研修は、「学級づくり」ならぬ「職場づくり」の場でもある。

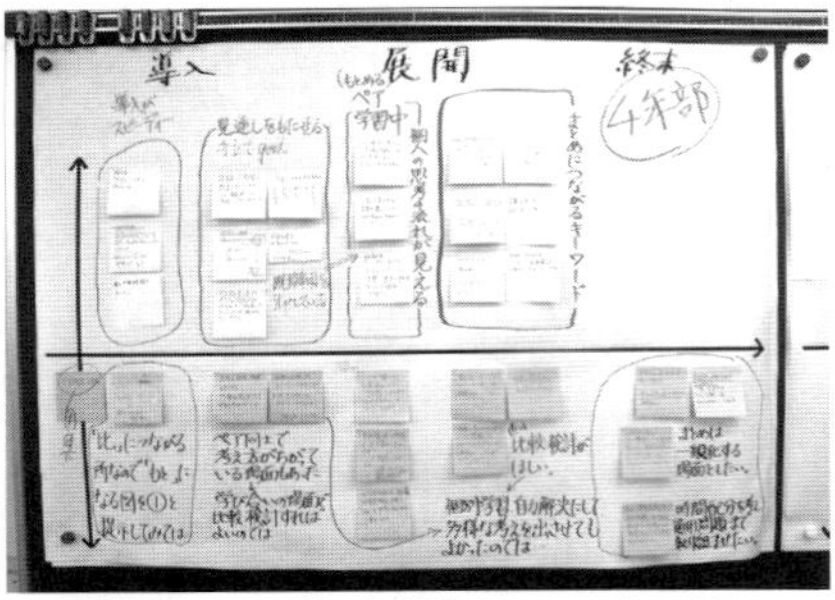

同僚への厳しくも温かいメッセージ

三点目は、年度中盤の「振り返り」の実施と、年度末に「校内研究発表会」を開催していることである。本校の研究母体は、主として学年部と教科部である。学年部と教科部が一年間かけて取り組んだそのゴールとして「校内研究発表会」を設定している。一年間の研修成果と課題を全教職員で確認する場は、「良くがんばったね、ご苦労さん」と、慰労し合う場でもある。

また、校内研修年間計画の中盤で、何回か実施されている「振り返り」は、教職員の中から自発的に発生したものである。「自分たち（学年部・教科部）は、ここまで研究を進めてきた。しかし、今ここで行き詰まっている。今後どうしたらよいのだろうか」と、みんなに相談できる場がほしいというのである。そんな建設的な意見が出てきたのは、校内研修は「やらされて」取り組んでいるのではなく、「自分たちに必要だからやっている」そのことの証なのだと感じ、嬉しかった。

研修回数は、四十五回となっているが、実はもっと多い。急な対応（県外視察など）により、臨時研修は何度も行われる。職員は、それを好機と受け止めてくれる。

四　おわりに

始業式の校長の話で、「今年の合言葉を『楽しくて、嬉しくなければ曲小じゃない』にします」と宣言した。学校が楽しい、大曲小学校の一員で嬉しい。そう思える一年にしようと、子どもと職員全員で誓い合った。

どんなことでも、楽しくなければ主体的に向かえない。また継続することだって苦しい。それは、子どもだけではない。教職員も同じである。「仕方なく、やらされて」取り組んでいる校内研修では楽しくない。「必要だし、楽しい」から主体的にがんばれるのだと思う。

その楽しさのバロメーターは、何と言っても笑顔があるかどうかだと思う。研修だからといって、苦虫つぶしたような顔は必要ない。仲間と夢と理想を語り、子どもが楽しく学ぶ姿を想像すれば、そこには笑顔が広がる。本校校内研修時には、いつも笑い声があふれている。

もう一つ、校内研修を楽しいと感ずる要因としては、結果が伴っていること、結果が見えることが大事だと思っている。県学習状況調査や全国学力・学習状況調査などの結果からも、全体の授業力向上は確認できた。しかし、何より嬉しかったのは、十月上旬に学校訪問してくださった、県の教育事務所長はじめ五名の方々の、授業参観後の講評であった。「二時間かけ、三十一学級の授業を観ました。子どもたちは、皆元気に楽しそうに学習していました。驚いたことは、先生方の授業の質に、ほとんど差が感じられなかったことです。これは、相当に研修を積んでいなければなし得ないことです……」本当に嬉しかった。

下の写真は、昨年の研究記録で名称「琢磨」である。三百三十二ページ、重さは六百三十二グラムもある。厚さと重さの分だけ、私たちの思いが詰まった、本校職員全員の宝物である。

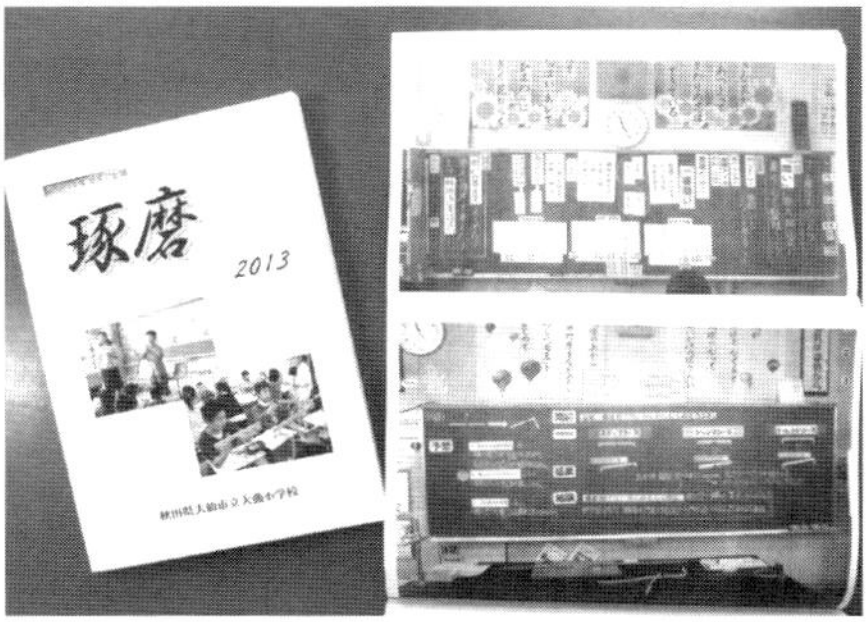

他校からも好評の、
全研究授業の板書も掲載された研究記録

4　キャリア教育の充実

キャリア教育の充実を目指す「岡の子」の活動

愛知県名古屋市立豊岡《とよおか》小学校長
田中宏和

〈本校の概要〉

本校は、名古屋市の中央やや東寄りの瑞穂区に位置し、名古屋グランパスのホームスタジアムである瑞穂公園陸上競技場に隣接する。児童数三百三十五名、十二学級で、校区には桜の名所として名高い山崎川が流れ、緑豊かで閑静な住宅地となっている。

全国でも珍しく古墳が校庭にあり、校名と墳丘にちなみ子どもたちを「岡の子」と名付け、「よく考え学ぶ子」「人のために役立つ子」「心もからだも強い子」を学校目標に、調和のとれた人間性豊かな子どもの育成を図り教育活動に取り組んでいる。

一　はじめに

本校は、校区に閑静な住宅地と商業地域を併せ持ち、近隣には博物館や図書館があるなど、文化振興の重要な役割を担う地にある。また、地域の人々や保護者は学校に非常に協力的である。「地域の学校」「子どもは地域の宝」として、学校・家庭・地域がともに手を携えて教育に取り組める風土があり、名古屋市が提唱している「家庭でしつけ、学校で学び、地域で育てる環境」が概ね確立している。

子どもたちの多くは素直で思いやりがあり、高学年の子が低学年の子の面倒をよく見ることができるし、子ども同士のトラブルも少ない。しかし一方で、他人との交流にストレスを感じる子や、自分の考えを表に出して行動することが苦手な子が少なからずいる。

これまでの教育活動を振り返り、人間関係をうまく築き、将来に希望をもって生きる子どもの育成のために、本校においてもキャリア教育の視点を取り入れる必要性が感じられた。

二　本校教育の理念と教職員の意識改革

1　本校の教育理念

本校では、昭和五十四年度から、「自ら考え行動し、思いやりのある子の育成」を目指し、子どもたちの創意を生かした教育活動を「岡の子活動」と呼んで実践を続けている。「岡の子活動」では、子どもが自ら考え創り出すこと、友達と協力しながら生き生きした活動をすることが楽しい学校生活をもたらし、そこから主体性と充実が生まれるものと考え、行事や業前活動などに取り組んでいる。児童会行事を自分たちで企画・運営することや、思いやりのある行動ができる子が多いことなどから、

岡の子に願う

「岡の子」たちよ
先生たちの　願いを聞いてほしい
耳だけでなく　からだで　心で聞いてほしい

「岡の子」たちよ
今　真剣に考えて　何かに向かっているか
まじめに　一生けんめい　努力して
まず　自分の思っていることを試してみよう
そして　友だちの知恵も借りてやってみよう

「岡の子」たちよ
今　しようと思っていることはこれでよいのか
友だちのこと　父母のこと　先生のこと
とりまくまわりの人のことを考えて
ほんとうに喜んでくれることをやっていこう

「岡の子」たちよ
今　心もからだも強いと言えるだろうか
運動場で　教室で　家庭でも
見かけだけでなく　心からそう言えるように
次のステップへ挑戦してみよう

「岡の子」たちよ
先生たちや　家の人の　願いや心
わかってくれた？
みんなで力を合わせて　がんばろう
ねばり強くやっていこう
楽しいことばかりはないのだから
少しぐらいの苦しさに負けないで
苦しさを　のりこえた時の　喜びをもとう

「岡の子」たちよ
先生たちや　家の人の　願いや心
わかってくれた？
みんなで力を合わせて　がんばろう
ねばり強くやっていこう
うれしいことばかりはないのだから
少しぐらいの悲しさに負けないで
悲しさを　のりこえた時の
人のぬくもりをわかろう

「岡の子」たちよ
未来へ向けて　はばたこう
「岡の子の歌」「岡の子の像」
思い出をたくさんもって　はばたこう

「岡の子活動」の成果が十分に感じられる。

また、本校には、子どもへ思いを伝える「岡の子に願う」という言葉がある。「岡の子活動」を支える言葉として、教職員間でこの言葉を共有するとともに、子どもたちにも目標に向かって努力することの大切さや心構えを伝えている。

2　教職員の意識改革と教育活動の見直し

本校は経験年数十年未満の若手教員が多く、熱心であり同僚性が高い。新たな試みに対しては、積極的に取り組もうとするよさがある。そのような組織の長所を生かし、教務主任や研究主任を中核として意識啓発を図り、教育活動を見直すことは可能であると考えた。

そこで、子どもたちの実態から、不足している力を伸ばすために、教職員にキャリア教育の必要性を伝え、岡の子活動、生活科や総合的な学習の時間、各教科の学習から、キャリア教育の「人間関係形成能力」「情報活用能力」「将来設計能力」「意思決定能力」の四つの領域との関連を探るとともに、教育活動の見直しを図った。

三　具体的な取組

1　岡の子まつり

岡の子まつりは、昭和五十四年度から続く、本校が最も大切にしている岡の子活動の一つである。

六年生が学年を象徴するシンボルの言葉を決め、まつりの開会式・閉会式ではその言葉に関連させたセレモニーを行う。また、どの学年も、生活科や総合的な学習の時間で学習した内容をアトラクションや劇にして発表する。児童の創意を生かし、主体的に計画・実行していくことを通して、自主性・創造性を養う。キャリア教育の面からは、ペア学年でアトラクション巡りをしたり、地域の人とのふれあいを通したりして、よりよい人間関係

まつりのアトラクション

を築くことにも重点を置いた。

２　ＭＧ（Mixed Grade）活動

これは昭和五十四年度から続く、業前や給食時に行う縦割りグループ活動である。

ＭＧ活動では、一年生から六年生まで約三十人が一つのグループを作り、六年生が中心になって遊びの企画や運営をしている。一年生でも楽しめるように遊びのルールを工夫したり、活躍の場を与えたりと、どの子も活動する喜びを感じられるように配慮している。低学年の子が楽しそうに遊ぶ姿からは、高学年の子への信頼感が感じられるし、高学年の子が優しく接する姿からは、思いやりの心と自己有用感の高まりが感じ取れる。

楽しいMG会食会

このＭＧ活動を何年も続けることによって、低学年だった子が高学年になり、世話される側から世話する側へと役割が推移する。そして、この世代間のつながりがやがて地域を大切に思う気持ちへと変わっていくのが感じられる。

３　地域との交流活動

子どもたちは、様々な年代や立場の人と交流することによって、相手を理解し、尊重しようとする気持ちをもつ。また、自分たちの住む地域に興味をもち、調べることを通して、地域への愛着を感じるようになる。キャリア教育の面から、それが将来の夢や希望につながることを意識付けていこうと考えた。

(1)　わたしの町はっけん（二年生）

町を探検し、自分たちの生活と地域の人々や様々な場所との関わりに気付き、自分たちの住む町に親しみや愛着をもつとともに、勤労観・職業観の育ちにつなげることをねらいとした。

校区には地下鉄の駅が三つあり、沿線には様々な商店がある。子どもが興味をもって選んだ店の人へのインタビューでは、その店で働く人に焦点を当てた聞き取りや、店の人とのふれあいを通して、子どもたちに地域の人との関わりに気付かせていった。

(2) 三世代交流（三年生）

学区地域福祉推進協議会と連携し、学区の事業としても位置付けられている。地域の高齢者やＰＴＡ役員の方に子どもたちが遊びや地域に伝わる民謡踊りを教えていただいたり、昔の遊びを教えていただいたりして、楽しい時間を過ごすことができた。

人間関係調整能力育成の観点から、必ず相手を見て自分から挨拶したり、話をしたりすることを子どもたちの課題とした。

(3) ふれあい清掃（全学年）

三世代交流事業の一つとして、毎年一回、学区の方や保護者の方が学校に来て、子どもと一緒に清掃活動をしてくださっている。ほうきの持ち方や雑巾の絞り方などを、掃除の手本を示してもらうことで、子どもたちは生き生きと清掃活動に取り組んだ。地域の人とのふれあいと、日頃目が届かなかった場所などをきれいにすることができた達成感が子どもたちの喜びとなり、勤労観の育成の機会となった。

地域の人とふれあい清掃

(4) 「学区のお宝を見つけよう 町のすてきな人」（三年生）

自分の周りにいる、特技のある人、博識な人などを探して、インタビューする。それをまとめて、岡の子まつりで発表することを通して、職業観の育成や人間関係調整能力、情報活用能力の伸長を図ることをねらいとした。

寺の住職の方に話を聞いたり、花屋さんに花の種類や育て方を聞いたりと、子どもたち一人一人が目的をもって活動することができた。

4 外部講師による講演や交流

日頃の授業や行事などで、外部の講師を招き、専門的な視点からの話や生き方についての話をしていただくことは、学習意欲や目的意識を高め、将来の職業の方向性を定める上で効果がある。

講演や講話にあたっては、ただ演奏を見たり聞いたりして終わりというのではなく、子どもたちの将来の夢をふくらませる質問をすることが必要であると考える。

例えば、ウィーンの三重奏団が学校で演奏会をした時には、鼓笛部の子が将来ウィーンフィルに入れるかという質問をしてみた。「無理ではないので努力してほしい」という回答を聞いた時の子どもたちのうれしそうな顔は印象的であった。

ウィーン三重奏団演奏会

また、外部講師ではないが、夢をふくらませる具体的な例として、四年前に本校を卒業したゴルフの橋本千里選手が、全米オープンに出場したことや、小学生の頃からいかに努力していたかなども話題にした。将来の夢をもったら、今からやっておくとよいこと、それを継続することの大切さを話し、夢の実現に具体性をもたせた。

5　生活科及び総合的な学習の時間

これまでの自分の成長を振り返る中で、自分のよさや可能性に気付き、新たな目標をもつことは大切である。また、これまでの成長を支えてくれた人への感謝を伝え、これからも自信や意欲をもって生活していくことは、キャリア形成の上からも有意義である。本校では、二年生と四年生の教育課程に次の(1)と(2)を位置付けている。

(1)　自分発見発表会（二年生）

二年間の小学校生活を振り返り、自分や友達ができるようになったことや好きになったことを見付け、伝え合う活動を行った。特に友達の成長を見付ける時に、優しさなどの内面にまで目を向けさせることで、信頼関係が一層深まり、成長が感じられた。

(2)　二分の一成人式（四年生）

誕生から今までの自分の歴史を振り返り、家族や周りの人への感謝を伝えるとともに、十年後の自分を想像して、具体的に自分にできることを考えたり、夢を伝えたりすることで、将来への希望をもたせた。また、将来の夢を実現するためには、今は何に力を入れなければならないか、何を継続して取り組んでいかなければならないかを、具体的に考えさせた。

二分の一成人式発表会

四　おわりに

本校に着任してから一年間、キャリア教育の視点から教育活動を見直し、子どもたちの変容と教職員の意識の変化を見てきた。多くの子どもたちは、かなり自立が促されており、地域への愛着と思いやりの心が育っていることが感じられた。また、人と上手に話せない、人間関係をうまく構築できないといった子どもも、徐々にではあるが、自分を出せるようになってきた。これは、キャリア教育の目指す姿・意義や重要性について、教職員が意識し、日頃の教育活動に反映させた結果と思われる。

変化する社会の中で、子どもたちが希望をもって、自分の未来を切り拓いて生きていくためには、変化を恐れず、変化に対応できる力と態度を育てることが不可欠である。

今後も、学校におけるすべての教育活動をキャリア教育の視点から見直し、キャリア発達につながる要素を絞り込み、教育課程に組み込んでいく作業を進める必要がある。校長として、教職員の一層の共通理解のもとでキャリア教育を進め、夢の実現に向けて努力する子どもの育成に努めていきたい。

5　特別支援教育の充実

支援教育推進の受け皿となる特別支援学級の在り方

神奈川県横須賀市立衣笠《きぬがさ》小学校長
濱　田　芳　子

〈本校の概要〉

本校は神奈川県三浦半島の中央部に位置し、地域には鎌倉幕府を支えた三浦氏の城跡がある。今年で創立百四十一年を迎え、児童数は四百十五名、通常級十三、特別支援級四の中規模校である。

学校教育目標は「やさしく　かしこく　たくましく」

平成十八年から六年間市の指定を受け支援教育「認め合い支え合い生き生き笑顔があふれる学校づくり」をテーマに取り組み、現在はその研究を基盤に「わかる授業・楽しい授業」で算数科の研究に重点を置いている。

一　はじめに

本校の特色を挙げる時に、学区に存在する児童養護施設の存在を除くことはできない。

その児童養護施設は、県内各市から様々な事情を抱えた児童を、常時、幼小中高生合わせて八十名ほど受け入れており、その中から本小学校には毎年三十五～四十名前後が通学している。

施設は昭和二十年に、戦地からの引き揚げ者のために設立された。以来、現在の場所に七十年近く在ることから、本校児童の父母や祖父母も事情を理解していて、施設から通学する児童を温かい目で見守ってきた。

しかし、時代の変遷とともに、年々被虐待経験者が増え、入所理由の九割を超えるようになると、児童の精神的な状態も悪化し、対応が難しい児童が多くなってきた。

義務教育として当然、それを受け止める本校は、強い影響を受けた。施設内での喧嘩が尾を引いた状態で登校し、他の児童に当たり散らす事から始まり、教師へ反抗したり面倒な作業は避けたり等のトラブルが増加した。

さらに、もともと家庭的に困り感を抱えていた周囲の児童が同調しだし、学級崩壊やいじめなどが連続し、保護者からの苦情も増加した。

様々な努力を繰り返しても一向に成果につながらない日々が続き、職員も疲弊してきていた。

問題への打開策となったのは、平成十八年から市の指定を受けて始めた支援教育の研究である。

現在で九年目になるが、私自身は研究主任として一年、校長として五年関わっている。連携や個別指導のための支援体制づくりに三年、本校児童の苦手意識が強い「伝え合う力」の育成を目指して国語科に重点を置いた研究に三年、現在は「わかった。できた。」という達成感を児童に実感させたいと算数科に重点を置いて三年目の研究を続けている。

二　深い児童理解と温かい支援の教育

1　外部機関や児童養護施設との連携体制づくり

支援研究の初めには、荒れる児童の原因を知るために、横須賀市内にある独立行政法人国立特別支援教育総合研究所から多数の専門家を招いた。児童養護施設だけでなく通常の家庭にも増加している「愛着障害」などの症状とその対応について学んだ。その後も同研究所から毎年三～五回臨床心理士を招き、「気になる子」を中心にした授業参観と、その学級担任へのコンサルテーション及び全体研修を続けている。教職員が毎年七名前後入れ替わる本校では、この研修が大変重要である。

また、児童養護施設の園長と校長の連絡を密にし、新入生や転入生については早めに、児童相談所を交えた意見交換を行ってきた。養護施設の職員とも、年に二回以

平成26年度　児童養護施設との交流計画

4月	新入生情報交換 新入生カンファレンス
5月	家庭訪問…養護施設の各児童の部屋で
6月	全体研修会　学校主催 臨床心理士を招いて 「虐待を受けた児童への対応」
7月	個人面談
8月	施設主催そうめん流し参加
1月	施設主催餅つき大会参加 施設主催交流研修会 施設の臨床心理士から
3月	施設主催お別れ会出席

研究全体図

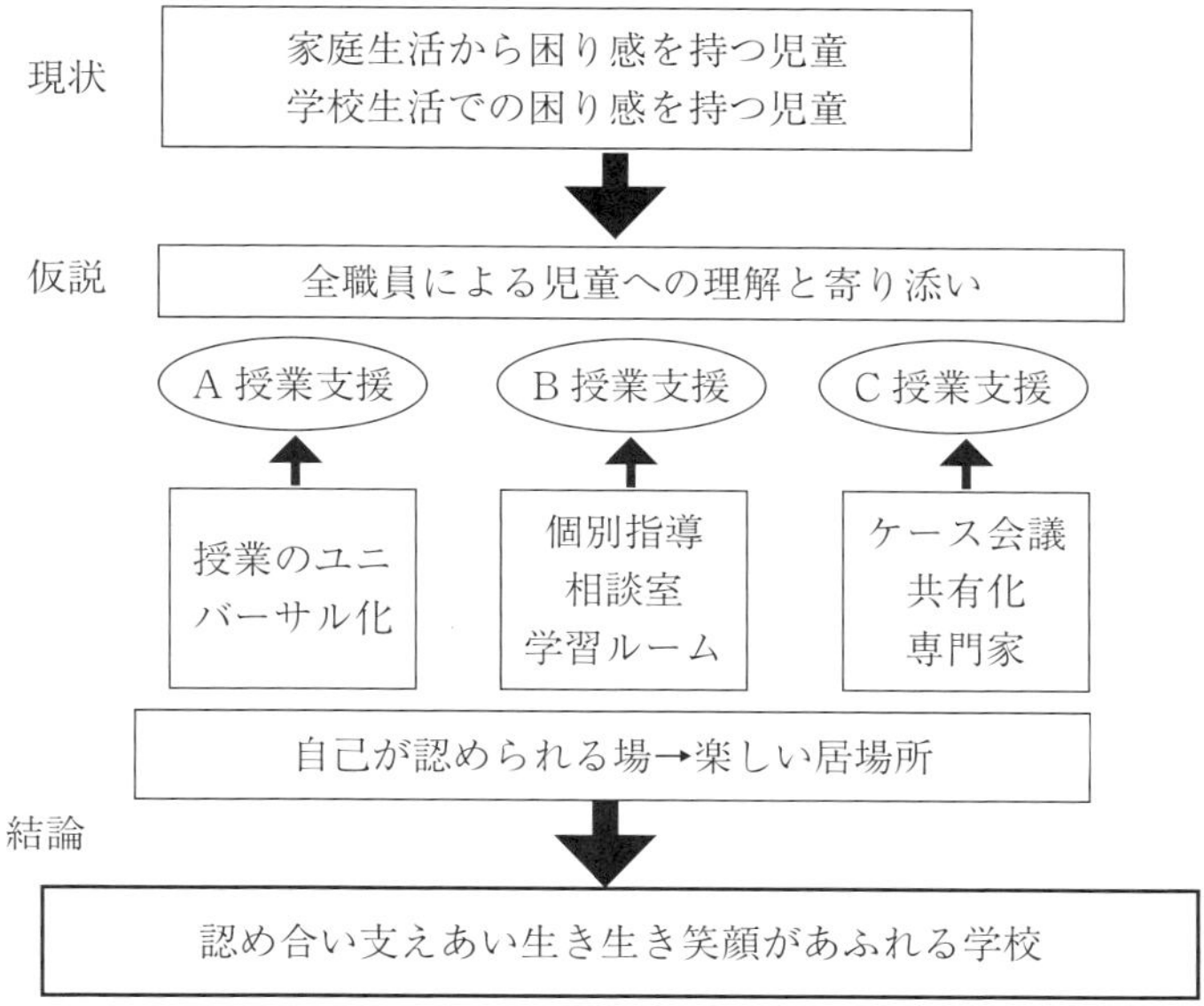

上交流会を開き、学びを共有化した。

さらに、全職員が児童の心に寄り添うため、支援情報会議には栄養士や事務職員も参加し、用務員や給食調理員にも伝達をしている。その結果、教室を飛び出した児童や、遅刻してきた児童にも様々な職員が温かく丁寧な対応を行い、児童の行動が落ち着きだした。

「困った児童」ではなく、「困っている児童」として受け止め、その原因を探し「支援会議」で事例を話し合い、取り出し学習を勧めたり、特別支援学級への移籍を勧めたりの行動を起こし、児童に合った「居場所」を作る努力を続けたところ、年々成果が見えだした。

2　ユニバーサルデザインの授業づくり

研究開始二年目から、支援体制づくりを基盤にして、「わかる授業づくり」も加味するようになった。

子どもの「居場所」は、個別支援等の限られた時間だけでなく毎日の授業の中になければならない。そのため教員には、ユニバーサルデザインを意識した様々な「わかりやすく・参加しやすい授業」の力量が要求される。

本年度も「わかる授業・楽しい授業を目指して」とい

うテーマで、算数的活動を通して具現化を図っている。

三　学校全体で見直した支援学級の在り方

1　本校支援教育研究における特別支援学級の役割

本校では特別支援学級（以下支援学級）の「特別」を強く意識してはいない。図（前頁）の「自己が認められる場→楽しい居場所」のように、個々の児童の能力や、家庭的な背景をもとに考慮した場合に、最も手厚く個別支援体制ができる居場所が「支援級」であると考えている。

「支援級」への年度中の移籍や入級については、ケース会議を基盤に、対象児童の保護者や、児童養護施設のファミリーソーシャルワーカー（家庭支援専門相談員）と将来の進路を熟慮しながら慎重に進めている。

2　支援級児童急増の理由

児童に合った「居場所」を探し、児童養護施設と共通理解が進むようになると、支援級への移籍や入級が適切と考えられる児童が明確になってきた。

しかし、中学年や高学年進級時に移籍を図ろうとすると、抵抗感をもつ児童が多かった。学習や生活レベルに困難を抱えながらも無理をして、中学校進学までは通常級で過ごそうとする。

特別支援児童数の推移

年度	人数
平成19年	8名
平成20年	6名
平成21年	7名
平成22年	9名
平成23年	13名
平成24年	16名
平成25年	22名
平成26年	20名

この状況を考慮し、児童養護施設側も、平成二十三年に方針を明確にした。「行けるところまで通常級に置いて、苦しくなったら支援級へ」という考え方では、児童に劣等感を味わわせてしまうからだ。児童養護施設側が、将来の成長を見通して、新入学時の段階から支援級への入級を踏み切り、児童数は急激に増加しだした。

3　二十四時間同じ人間関係が生み出すストレス

昨年度、支援級児童の在籍は二十二名。そのうち十七名が児童養護施設から通う子どもたちになった。それは、寝るのも食べるのも、学習までも二十四時間を一緒に過ごすということになる。

支援級の指導体制は、十名以下の時代のまま、教員一人当たり四～五名の児童を受け持ち、交流と個別指導で見ていた。児童養護施設での人間関係のストレスをできるだけ避けようと、組み分けには特別の配慮をし、四教室に分けて少人数で指導するようにしていた。

それでも、秋になると児童養護施設での人間関係が原因となるトラブルが支援級に多発しだした。

高学年の児童同士が共謀して授業中ふざけても、止める者がいない状況の中で、教室は遊び場になり担任は立ち往生した。

今までと同じやり方では指導が困難になったと気付きつつも、学年の途中で体制を変えられないと悩み、苦しい指導を続ける支援級の担任たちに疲れが出た。

４　指導体制を見直す校内支援会議の実施

本校の支援研究の理想理念『個に合った居場所』を作った結果起きた事態である。これを放置すれば、支援級に集まった子どもたちは幸せになれない。そればかりか次年度の支援級人事にも影響を及ぼしかねない。年度途中ではあったが、次年度の体制づくりに間に合うよう、学校全体の問題にしていこうと考えた。

学級崩壊が起きた場合同様に、まずケース会議を開き、全学年学級が交流している現状から、各学年代表参加の、「特別支援学級検討委員会」を緊急開催することとした。結果二回開催されたこの会議には、支援教育課の指導主事にも参加を要請し、明解な助言をしていただいた。

また、学年から一名の参加を求めた中で、今まで支援級の現状をよく理解していなかった若手の職員も参加し、「より良い支援級の在り方を考えよう」という真剣な雰囲気が学年から校内全体へ広がった。

第一回目の会議（十二月）では、分かったつもりで聞きにくかった質問や、心に溜まっていた意見が多く出された。検討事項をしぼり、各学年に持ち帰ることと、支援級側も意見をまとめてくる宿題が出された。

第二回目の会議（一月）では、支援級側からのまとまった考えが出された。第一回目の意見をかなり受け入れた改善案が出され、各学年側の意見と一致点が多くあった。指導主事からは、次頁表の他に、「教育支援介助員は基本的には支援級に居てＴ１のサポートに動くと良

第２回特別支援学級検討会議

① 交流の目的

学習目的……交流級担任が指導に責任をもつ。

集団生活目的……支援級担任が付き添う。

教科以外の給食・掃除・学活は有意義

② 支援級での学習

・支援級に入った目的や意味を大事にする。

・支援級は個の目標を達成し、自分に自信をつける場でありたい。

・生活単元や劇などで、学年差を超えた仲間としての意識を育てる。

③ 指導主事より

・交流の目的を個々に明確にする。

・交流級担任とのコミュニケーションが重要。

い」など、人手不足を補うための助言があった。

５　特別支援級の教員研修実施

昨年度五名の支援級担任のうち、他の学校で支援級を経験していた者は二名。本校での経験しかない者も経験者も、本校の児童の実態と人数に合わせて良いと信じて進めてきた体制を、来年までに変える案をつくるのは難しい。そのためには、支援級運営がうまくいっているモデル校を早急に見学させたいと考えた。そして、支援級の担任たちに次年度体制が具体的にイメージできることを願った。

指導主事に紹介された学校と校長同士連絡を取り、急きょ二月に全日経営参観をさせた。その日は全職員に理解を求め、支援級の児童を全面交流で過ごさせた。

研修から戻った支援級の担任たちが、次年度の支援体制を相談する声が明るく響くようになったのは間もなくであった。

四　おわりに

今年度、職員がまた四分の一入れ替わった。支援級の職員も三名替わったが、昨年度の「特別支援学級検討会議」の決定にそって全体計画が提案され、現在までスムーズに運営されている。

人材不足状況を補おうと、児童養護施設側から昼休みの校内パトロールへ、毎日一名派遣の申し出もあった。

この体制で過ごす中、支援級の児童から「支援級に移ってよかった」「ぼくらの支援級は楽しいよ」という声が聞こえる日も近い。

6　特別支援教育の充実

ユニバーサルデザインの授業実践と教職員の変容

栃木県小山市立乙女《おとめ》小学校長
沖　久　幸

〈本校の概要〉

本校は、栃木県南部に位置し、奈良時代には下野《しもつけ》国分寺等に瓦《かわら》を供給した乙女不動瓦窯跡や江戸時代には水上交通の要所であった乙女河岸など、由緒ある歴史を有し、思川など自然環境に恵まれたところにある。児童数は、三百六十九名、十四学級の中規模校である。

本校の教育目標「明るい子ども　進んで学ぶ子ども　たくましい子ども」の具現化に向け、平成二十五年度から、研究課題としてユニバーサルデザイン（以下ＵＤ）の視点を取り入れた授業を推進し、落ち着いた環境で学びを保障できるよう工夫を重ねてきた。

一　はじめに

本校は、市内でも比較的学力水準が高い。また、保護者の学校評価等の結果やＰＴＡ活動から、学校への信頼度も高い。教職員は、若手が多く機動力があり、教育活動や研究にも前向きである。

私が着任した平成二十四年度は、ミドルリーダーと言われる四十代から五十代前半の教員が半数以上を占めていた。授業は、教師主導による一斉指導の形態が中心で、発達障害の児童への支援は、支援員が中心であり、担任として児童の特性を踏まえた配慮（いわゆる三次支援）が、ほとんどなされていないのが現状であった。

全体的に明るくのびのびと生活を送っている児童が多い。一方で、発達障害の児童（ＡＳＤ、ＡＤＨＤ、ＬＤ等）の出現率が他校に比べ、かなり高い状況にあった。そのため、学習面では、刺激に反応し集中できなかったり、集団で活動する場面では話を聞き取れない児童や生活面では離席や乱暴な言動、友達とのトラブル、廊下徘徊などが日常的に発生し、落ち着いて学習に取り組むことができない状況にあった。

そこで、発達障害の児童への対応が喫緊の最重要課題であると判断し、私の学校経営ビジョンの中に「**〜すべての教育活動は、児童のためにある〜という視点で、児童一人一人の個性を重視した教育課程の編成と個に応じた指導方法の工夫改善を図り、分かる授業の展開を図る**」を掲げ、今後進むべき方向を明示した。

二　課題解決のための準備段階(平成二十四年度)

まずは本校の課題解決のためには、教職員の指導技術の向上と意識改革が最優先であると考えた。その際、最も本校の研究に合致していると思われたのがUDの考え方である。UDの基本的なコンセプトは「**特別支援教育の考え方を取り入れ、全国のどの学級にもいる○○さんにわかる授業をすることが、どの子にとってもわかる・できる楽しい授業になる**」ということである。

そこでUDの推進に当たって、組織マネジメントの視点を踏まえ、次のような準備作業を行った。

1　校長が、各教室を回って発達障害児童の実態把握を行うとともに、文部科学省のチェックリストに従って、各担任が正確な調査を実施した。さらに、調査結果を踏まえ、全教職員に本研究を推進することの意義と、具体的な達成目標の概要を提示した。毎日の発達障害の児童への対応で疲弊しきった教職員にとって負担軽減と指導力向上につながる研究ということで、多くの教職員の賛同を得ることができた。

2　全国的にも著名なモデル校となっている先進校をリストアップし、次年度早々に計画的に視察させることを立案した。また、UD関係の参考図書や論文を収集したり、心理学や発達障害関係の学会発表に自ら参加して、最先端の情報収集に当たった。

3　教職員それぞれの特性や資質、能力などを生かし、現在の校務分掌を有効活用し、なるべく負担を軽減した研究体制の素案づくりを行うとともに、特別支援学級担任を研究主任にすべく構想を練った。

4　次年度授業研究を深めるため、県内の作新学院大学・大学院の発達障害専門の先生方を招聘し、年三回の授業研究会に指導をいただく諒承を得た。

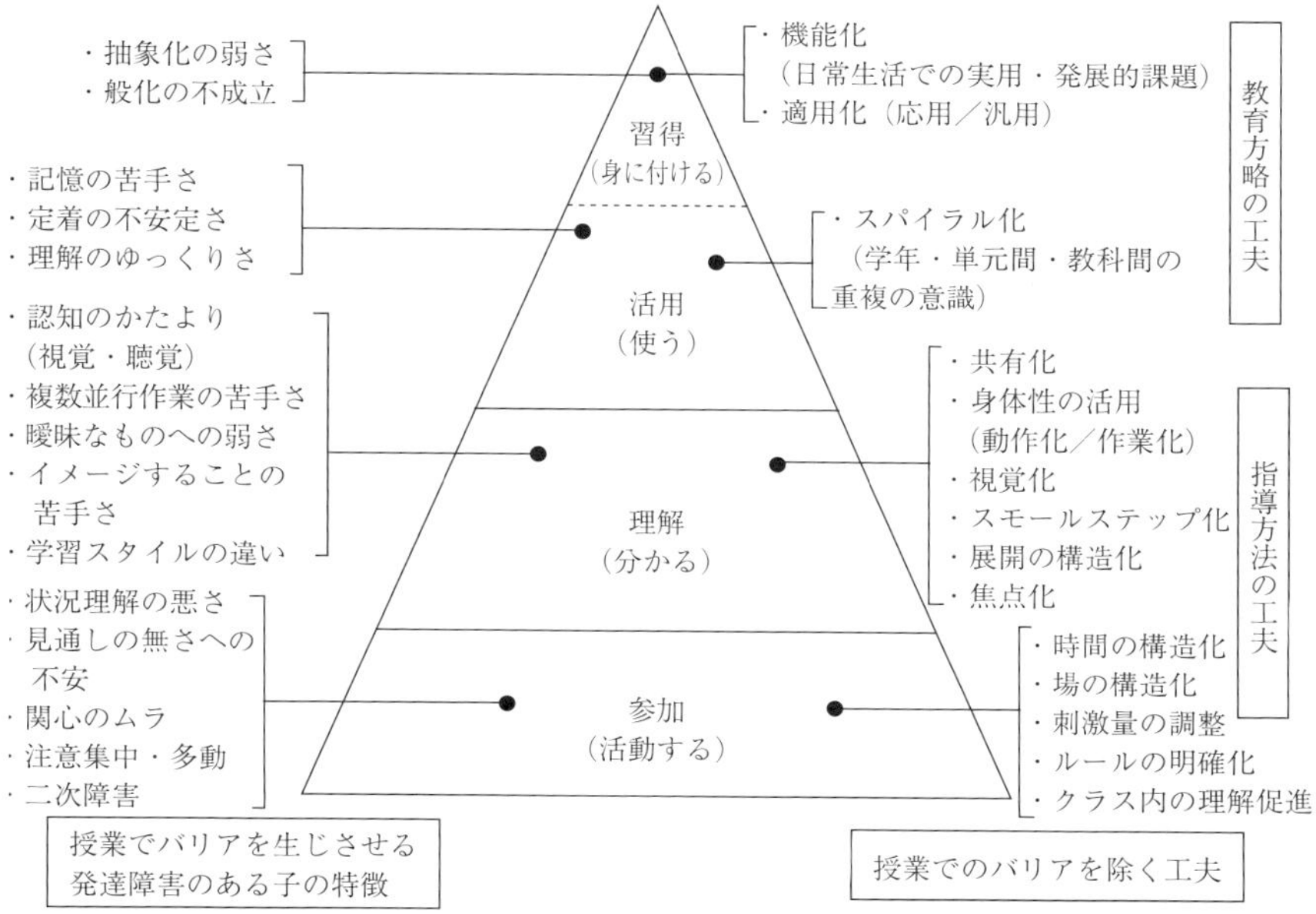

授業のユニバーサルデザインの四層構造モデル

三　経営戦略に基づく実践と教職員の変容

発達障害の児童は、どの子も「学びたい、できるようになりたい」という欲求をもっている。それを支援し、「学校が楽しい」と言える環境をつくるのが教員の責務と考えている。それを中心に据えて取組を開始した。

1　校長講話での共通理解

平成二十五年度、研究開始に当たって次の二点について講話を行った。まず、「特別支援教育の推進について（通知）一九文科初第一二五号」の中で、特別支援教育の理念、校長の責務、体制整備と必要な取組などについて、なお一層の推進が求められている旨を説明した。

さらに、明星大学・小貫悟教授の論文「通常の学級における授業改善」を基に「授業のＵＤ化モデル」の解説を行い、中でも上図の四層構造モデルの考え方を研究の拠り所とすることで、授業改善の大きな柱になることを丁寧に伝え、研究への意欲を喚起した。

２　研究主任を中心とした協働体制の確立

本校の研究主任は、先進校視察や専門研修に積極的に参加し研鑽を積むとともに、本校の実態を踏まえた独自のＵＤ研究計画を提示し研究の推進役として活躍してくれている。また、収集した様々なデータの分析と改善を常に行い、ＰＤＣＡサイクルに従って研究を深めてきた。

平成二十六年度からは、新たにＳＳＴ（ソーシャルスキルトレーニング）を教育課程に位置付け、発達障害児を含めた学校全体で人間関係力の向上につなげている。

３　具体的な取組と教職員の学び

本研究では、授業研究、個に応じた指導の工夫、学校生活ルールの明確化、校内環境整備など多岐にわたる実践を行ってきたが、その中で、本校の中心テーマでもあるＵＤ授業研究に絞ってその概要を紹介したい。

(1)　授業改善を通して教員が学んだこと

①見通しをもたせるための工夫

・黒板端の小さなホワイトボードに一時間の流れを書き、掲示し、誰もが授業の流れについていけるようにする。

・話し合いの前に、進め方を確認する。

デジタル教科書の活用

②焦点化の工夫

・授業のねらいを絞り、焦点化して提示する。

・教えたい内容を明確にする。

・学習のポイントを焦点化し、理解しやすくする。

③視覚化の工夫

・教材に、絵や図を入れるなど視覚化を図る。

・板書やワークシートの文字に色を付け、強調すると記憶しやすい。

・パソコン（デジタル教科書等）を有効に活用する。

④共有化の工夫

・お互いの考えを伝え合ったり、確認したりするために、ペアやグループでの話し合い・学び合いを意図的に取り入れる。

⑤楽しさと分かりやすさの工夫

・学びの動機付けのために、ゲームを取り入れたりカードを動かして考えたりするなど、楽しく分かりやすい授業を行う。

・冒頭で子どもたちの気持ちをつかむ。

・活動の区切りがあり、それぞれ活動性が違うと、やる気が高まる。

・音楽を鳴らすことで、子どもたちが自分の耳で気付いて行動できる。

・「身近なものに結びつけて」学習する。

・黒板と手元のプリントが一致した形の授業スタイルは、児童が学習内容を確認するのに役立つ。

⑥言葉かけの工夫

・指示は短い言葉で、明確に出す。

・不適切な言動が起きる前に、ほめる声かけを繰り返し行う。

・発表した後は、ほめる・拍手をするなど、フィードバックをする。

・「成果」よりも、その「取組」をほめる。

・不規則なおしゃべりに対しては、あえて無視をする。

⑦個に応じた学習支援の工夫

・子どもがどんな反応をするか、事前に想像しておく。

・できない子への手だてを考えておく。（・ポイントを先に提示する・例文を提示する・選択肢を用意する・ヒントカードを用意する）

・分からない時の聞き方スキルを身に付けさせる。

・発達障害（傾向）の子には、具体的に示すことが効果的。

(2)　授業評価シートの作成と活用

○授業者用／UDの視点を取り入れた授業に取り組むことができたかをチェックリストをもとに評価した。

○児童用／授業に安心して参加でき、分かりやすいものであったかを児童が自己評価した。

UDの視点からの授業分析

○参観者用／（ニーズチェック座席表）学級のどの児童にどのようなニーズ（特性）があるかを、座席表に表し、支援をしやすくした。子ども同士の関係による相互作用なども把握しやすくなり、よりきめ細やかな支援が可能となった。

(3) 教職員の変容

年間三回、教師用チェックリストに従って自己評価を行い、学習指導に関する追跡調査を行ってきた。その結果は次のとおりである。

○毎時間の授業において、「時間の構造化」や「情報伝達の工夫」、「参加の促進」「内容の構造化」などの各項目で、回を追うごとに、評価が上がってきた。中でも「時間の構造化」は、「かなり実施している、実施している」を合わせると九五%に達した。

○学習環境の調整では「場の構造化」「刺激量の調節」「ルールの明確化」「相互理解の工夫」項目で、各自工夫を凝らし、上昇しているのが分かった。中でも「刺激量の調節」は、研究当初は、「かなり実施している、実施している」を合計しても五〇%に満たなかったが、年度末の三回目には合計でほぼ一〇〇%に達している。

○一方で、個別的配慮に関する項目の「言葉のつまずき」「運動のつまずき」「学習のつまずき」が、低い値を示しており、個の特性に配慮した支援(いわゆる三次支援)が十分でなく、今後の課題である。

四 おわりに

本校の取組は、UDの四層構造モデルの「参加」と「理解」の初期段階に過ぎない。しかし、教職員一人一人がUDを意識化し、変わり始めたのは、大きな成果であるととらえている。また、発達障害の児童が、授業や朝の自習の工夫により、学習意欲が向上し落ち着いて取り組めるようになってきていることは、実践の賜である。

今後は、各自が、主体的にUDの授業を実践し、深化することを目指したい。

7　特別支援教育の充実

特別支援教育の視点に立った教育の充実を図る学校経営の戦略

東京都大田区立志茂田《しもだ》小学校長
小　宮　恭　子

〈本校の概要〉
本校は、東京都大田区の西部に位置し、高度な技術力をもったモノづくり企業、多摩川に面した豊かな自然などが地域にある。児童数二百七十八名、十二学級。言語通級学級、情緒通級学級が併設されている。本校の教育目標は「心身ともに健康で知性に富み、心豊かで創造的に生きる子どもを育成する」である。この具現化に向け、平成二十五年度から三年間、東京都教育委員会から指定を受けた「言語能力向上推進拠点校」の校内研究とともに、特別支援教育の視点から配慮する指導事項の見直しにも取り組んでいる。

一　はじめに

本校の学力は二極化の傾向があるが、全国、東京都、大田区の平均を上回り、生活指導面も安定している。地域の方々や保護者は、学校に対する期待も高く協力的である。本校の教職員は、職責への使命感をもち、互いに助け合い、補い合いながら、教育活動や研究活動に日々努力をし続けている。

しかし、私が二年前に着任した平成二十五年度当初、入学式を間近に控え「この子にどのような指導をしたら良いですか」と聞いてくる教員がおり、疾病への配慮を要する児童へ一人で対応しようとしていたことや、五月に入り当該の児童が授業中に校長室に来て、一人で下校したいとの申し出があったことからも、「配慮する児童」への組織的な対応を構築し直す必要があると感じた。学級担任が一人で問題を抱えていたこと、さらに保育園や幼稚園と連携を図った情報収集についても、一部の教員にしか引き継がれていないという問題もあった。

そこで、学校運営の組織に視点を当て、入学時における学校の受け入れ体制の見直し、卒業後も見通せるシステムの構築など、特別支援教育の視点に立った、児童一人一人のニーズに合わせた教育的配慮に基づく学校教育の充実を学校経営の最重要課題とした。

二　本校の課題解決を目指す経営戦略

校長として、入学時から児童一人一人の教育的ニーズを把握し、適切な教育的配慮ができれば、教員が抱え込むことなく、全ての児童に良い効果をもたらすと考えた。六年間を見通した特別支援教育の充実を図るため、次のような経営戦略を構想した。

○学習指導要領において、幼児教育と小学校教育の円滑な接続は、各教科等の内容や指導における配慮のみならず、生活面での指導や家庭との十分な連携・協力が必要であることが示されている。そこで、入学時に親子が安心して小学校生活をスタートできるシステムを構築した。

○現在求められているインクルーシブ教育システムの構築を見据え、本校の児童の実態に即した特別支援教育の充実を図るため、全児童を対象に教育的配慮項目を設定した。入学から卒業までの情報共有により、全ての児童に良い指導効果をもたらすシステムを構築する。

○区の「おおた教育振興プラン」では、義務教育で健全な自己肯定感や自己決定力を高め、未来への希望に満ちた豊かな人間性を育むことが示されている。小学校は、その役割を担う重要な時期であるため、六年間の最後である卒業時に友達と関わる機会を設定し、将来、自己肯定感をもち続ける事ができる指導的配慮を行っていく。

三　経営戦略に基づく具体的な取組とシステムの構築

1　校長による入学に向けた親子面談や講演会の開催

教員が問題を一人で抱え込まず、情報を共有する教育的配慮と円滑な接続を通して、新一年生が安心して小学校生活を迎えることができるような体制を作ることが教師の役割であることを校長として指導した。また、校長が、近隣の保育園、幼稚園の情報収集を行い、入学式委員会、特別支援コーディネーター（言語障害通級学級、情緒障害等通級学級の教員(二名)を中核とした特別支援教育委員会を通じて、全教員に情報を提供し、校内の組織が機能できる体制をシステム化した(左表参考資料)。

○参考資料【校長が実践したシステムの構築】

一　校長による情報収集の具体的な方法

(1)　就学時健康診断に向けた聞き取り調査

①訪　問　先　保育園(二園)、幼稚園(四園)
②訪問時期　平成二十五年十一月五日～十二日
③情報内容　園の指導方針、本校入学予定者数
　　園児の様子や必要な支援

(2)　聞き取り調査後の学校体制作り

①入学式委員会・特別支援教育委員会へ情報提供
②具体的な受入体制の準備
・学級編成や入学式の支援体制を準備
・リハーサル希望者の対応

二　校長による講演内容

①講演場所　保育園(二園)
②実　施　日　平成二十五年十二月、
　平成二十六年一月
③参　加　者　五歳児の保護者
④内　　容(約一時間の講演)
・プレゼンテーションによる学校紹介
・保育園交流の児童や園児の様子
・入学に向けて親子で準備しておくこと
・保護者からの質問への回答

平成二十六年度は、訪問先を見直して一年生の出身園全て訪問し、幼稚園の講演も増えた。訪問先へは、児童の写真を添えて情報提供することで入学した一年生一人一人の成長を共有し、共に喜び合うことのできる外部機関との連携を図るシステムの構築を見直していった。

2　六つの教育的配慮による情報共有システムの構築

インクルーシブ教育システムの構築に向け、「合理的配慮」について、関係機関や校内の言語障害通級学級や情緒障害等通級学級との連携を図り段階的に実施していく必要がある。本校では、その第一段階として、児童一人一人のニーズに合った教育的配慮を実践していった。

具体的には、六つの教育的配慮項目（①指導的な配慮が必要な児童②指導した内容や具体的な配慮事項③体調的な配慮が必要な児童④疾病的な配慮が必要な児童⑤アレルギー等、配慮が必要な児童⑥発達障害等の配慮が必要な児童）を校長として提案した。その後、生活指導部会、特別支援教育委員会で検討し、四月に全教員から六つの教育的配慮項目について、児童の情報収集及び前年度の指導内容を調査した。校長がそれを集約し、六月に全教員に情報提供を行った。その情報により各教員が、児童一人一人のニーズに合った効果的指導へと踏み出すことができた。さらに、関係機関との連携も図り、より効果的なものへと進めるべく、このシステムを見直していった。この組織的な構築を図る要因と成果は、具体的に次のとおりである。

学校運営で課題となっていたのは、教員が一人で問題を抱え込んでしまうことであった。校長が教員との面談で分かったことは、教員は真面目で責任感があるため「こんなことを相談しては申し訳ない」という気持が強いことであった。そこで、組織的対応によって迅速に問題を解決できること、教員一人一人の素晴らしい能力は、組織として一つになった時に、大きな善の力となっていくこと、組織の一員としての自覚をもった時に、教員は全児童に愛情を注ぐことができること、組織的な対応によって個々の教員の良さが生かされていくことなど、校長として指導していった。そして、校長が、教員とともに「児童をよくしていきたい」という思いから、六つの教育的配慮による情報共有システムの構築を考えた。これを実現するために、二つの方法により次のような成果を得ることができた。

第一の方法は、六つの教育的配慮項目のアンケート調査である。二百七十八名について各学級担任や専科・養護教員から提出させた情報と校長が関わって解決した児童・保護者への対応の情報を合わせて、学級ごとに児童名簿にまとめていった。それを全教職員へ提供して情報の共有化を図った。その結果、教員が一人で抱え込むことなく、組織的な対応の意味を少しずつ理解し、児童の成長を全教職員が把握できるようになっていった。また、指導方法の工夫や改善に生かすことができるようになり、初任者や異動してきた教員、新しい学級担任等も児童理

平成26年度 志茂田小学校の６つの教育的配慮による情報共有システムの構築

ステップ１　（４月）
・校長による６つの教育的配慮についての説明とその活用方法の指導
・生活指導部会、特別支援教育委員会で６つの教育的配慮を検討。
①指導的な配慮が必要な児童　②指導した内容や具体的な配慮事項
③体調的な配慮が必要な児童　④疾病的な配慮が必要な児童
⑤アレルギー等配慮が必要な児童　⑥発達障害等の配慮が必要な児童

↓

ステップ２　（５月）
・新体制による各教員から６つの教育的配慮による児童の情報収集。

ステップ３　（５月）
・すでにある情報として、平成25年度に行った指導として引き継がれた連絡ノートを把握。

↓

ステップ４　（６月）
・各教員から集約した「６つの教育的配慮による児童の情報」と「各教員に引き継がれた平成25年度の指導」を学校長が合体させ、情報共有のため各教員へ配布。
・なぜ配慮が必要であるのか情報をしっかりと把握し、各教員は児童一人一人のニーズに合わせた教育的配慮を考慮した指導を行う。

↓

ステップ５　（９月末、１月末）
・毎日、各教員から管理職へ連絡ノートを提出。日々の指導や児童の情報を学校長が把握。
・１学期（２学期）が終了し、６つの教育的配慮について、さらに必要な情報を学校長が追加。

↓

ステップ６　（10月、２月）
・学校長が追加した６つの教育的配慮について各教員へ情報共有のため配布。
・各教員が配布された内容を把握し、児童一人一人のニーズに合わせた指導を行う。
・必要に応じて関係機関との連携を図り、保護者同席のもと、ケース会議を開催。
・児童一人一人のニーズに合わせた環境作りや指導体制を構築する。

↓

ステップ７　（３月）
・３学期が終了し、６つの教育的配慮について１年間の情報を校長がまとめていく。
・次年度に向けて、６つの教育的配慮に追加する内容があるかを検討。
・次年度の引き継ぎ資料及び２年間の情報共有システムとして学校長がまとめていく。
・進級しても必要に応じて関係機関との連携は継続していく。担当者の引き継ぎを確認する。

解を十分に行うことができ、全教職員が、教育的配慮によって児童への丁寧な声かけを行い、児童が授業において意欲をもって楽しく学習に取り組むようになった。

第二の方法は、全教員と管理職との連絡ノートである。教員が安心して、校長へ報告や相談できる組織的対応の一つとして行ったものである。具体的には、教育的配慮による児童へ指導したこと、保護者からの質問や連絡などを全教員が毎日記載して管理職へ提出させた。校長はその記載内容から、必要に応じて関係教員とケース会議を行い、適切に対応するとともに、問題が起こった場合には、未然防止へと繋げていった。その結果、教員が一人で抱え込むことなく管理職とともに組織で動く事ができるようになっていった。

3　義務教育九年間を見通した児童への教育的配慮

平成二十六年度改訂された「おおた教育振興プラン」では、義務教育九年間において、小学校の果たす役割が重要であることが示されている。そこで、小学校生活の最後に「校長と六年生の会食」及び、「ずーっと友達でいよう！　信頼と愛情の絆をもち続けるために」をテーマにしたメッセージ作りを校長が提案し、学級担任とで進めていった。校長と六年生一人ずつの会食を行うことは、小学校生活の些細なわだかまりや不安を取り除くなど、教育的配慮により、新たな中学校生活への前向きな気持ちが本人の追い風となることを目的とした。メッセージ作りは、六年生全員が自分以外の友達全員の良いところや頑張っていたところを記すことで、将来、様々な困難があっても、この仲間の言葉が心の支えとなり、自己肯定感をもって困難を乗り越える信頼と愛情の絆作りを目的とした。メッセージの製本は、校長が教職員の負担を増やさないよう、自らパソコンに入力して、友達を思いやる温かな気持ちを大切にする指導を行い、卒業時に一人一人へ手渡した。将来、このメッセージによって、未来への希望に満ちた豊かな人間性を育む一助になることを信じて、今年度も実施する予定である。

四　おわりに

本校の経営課題解決の取組により、教育的配慮が定着し、情報共有を図るシステムを一歩進めることができた。児童一人一人のニーズに応じた教育的配慮により、学校全体が落ち着いた環境の中で児童が学校生活を豊かに送ることができた。教員の「一人一人の児童をよくしていきたい」という願いこそが特別支援教育の視点に立った効果的な指導に結び付いていくものと確信した。今後は、教育的配慮を事例ごとにまとめるとともに、「合理的配慮」によるインクルーシブ教育システムの構築へと発展させていきたいと考えている。

8　外国語活動の充実

異文化共生社会を展望し取り組んだ外国語活動の充実

山口県岩国市立米川《よねがわ》小学校長
渡部靖徳

〈本校の概要〉
本校は、山口県岩国市の西部にあり、岩国と徳山を結ぶＪＲ岩徳線のほぼ中間点に位置する。古くは旧山陽道が現在は国道二号線が校区を通る。児童数五十六名、全校六学級。うち、複式学級が一。特別支援学級が一である。本校の教育目標は「よく学び、よく遊べ。豊かに学ぶ米川っ子の育成」である。かつては同和教育の山口県指定校。ここ十年間では道徳教育、人権教育の文部科学省指定校として研究を積み平成二十五年度、岩国市教育委員会より「米川小学校英語教育事業」の指定を受け、全校を挙げて外国語（英語）活動の授業実践に取り組んだ。

一　はじめに

平成二十五年春、着任の日「なかよく」と書かれた校碑の文字が目に入った。これは、学校運営の中核となるいわば、「校是」ともいうべき言葉なのだろうと直感した。この「なかよく」を、その後本校の目指す児童像として位置付けることになる。

一方、同年十二月。文部科学省は「グローバル化に対応した英語教育改革実施計画」を発表した。今後、現行の外国語活動は「小学校英語」・外国語活動として大きく様変わりすると予想される。グローバル化の進展に伴い、今の子どもたちが社会の一線で活躍する数十年後の未来を見据えると、母国語教育の充実に加え、外国語によるコミュニケーション能力は、異文化共生の時代に必須の資質能力になるだろう。初等教育への英語教育の本格的な導入に備えて、現場が対応を迫られることは今後ますます増えていくに違いない。本市教育委員会より「小学校英語教育事業」の指定を受け、ＡＬＴの追加派遣という形で全面的に支援が得られたことを契機に、学校全体でこの今日的な課題に取り組むことを決意した。

二　本校の目指す「関わる力」の育成

本校における実践は、校是ともいうべき「なかよく」という課題と、時代が求めている今日的課題の二つを背景として、「関わる力」を育成することを目指し、取り組んだものである。

研究課題を『なかよくを核にした関わる力・コミュニケーション能力の育成』とし、友達となかよくするために、「関わる力」＝「コミュニケーション能力」を育てたいと考えた。これを外国語活動の授業づくりを通して目指そうとした。さらに全職員のベクトルをそろえるため高学年に加え、中・低学年を含めた全校で同じ研究課題に取り組むことにした。これにより教職員の課題意識の統一を意図した。

三　授業の枠組みづくり

研究課題の解明に当たって、外国語活動の授業づくりに取り組むことになる。そこでこの授業づくりをどう進めるかについて、まずＡＬＴと担任との役割分担として次の点を確認した。

①Ｔ１は担任。授業設計と進行を担当。
②ＡＬＴは、英語で児童に関わる。
③児童とＡＬＴの交流は担任が作る。

また、授業づくりのポイントとして次の三点を共通理解した。

①授業の三か所「はじめ」「おわり」「中心」で、担任とＡＬＴが「演示」する。
②学級を四人（三人）グループに編制する。
③児童相互のコミュニケーションを図る。

そして、児童の「相手と関わる力」＝「コミュニケーション能力」育成のため、授業の中で児童ががんばる目当てとして次の「三観点」を共通理解した。

1　目を見て
Eye contact

2　はっきり
Clear voice

3　元気よく
Challenge

その上で、一学期中に授業のモデル提示を意図し、校長自ら授業を公開した。実際の授業は日本語を使い、英語も交えながら行うという展開だった。校長も英語力が堪能というわけではない。授業者として意図したことは、控えめな英語の発音と標準的な授業展開だった。背伸びをすることなく、これならできるという汎用的な授業を提示しようとした。

これらの枠組みづくりや授業提示の試みは意図したとおりに浸透していった。年度当初、どちらかと言えば尻込みしがちな職員集団であったが、一学期末の教職員の学校評価によると、「自分も早くやってみたい」「実践への心構えができた」等の声が聞かれた。

四　実践の具体例とその成果

二学期より授業実践が本格化した。実践を通して明らかになった点を順に説明する。

1　低学年の実践

低学年は「学校裁量の時間」を活用し年間十時間の実践をした。全ての時間が、市教育委員会より派遣されたALTと担任とのTTの授業となった。「ALTの発音をそのまま素直に発音できる低学年」これは本校職員の率直な感想である。低学年児童の発音の良さは、先行研究・先行実践で数多く指摘されている。

低学年の活動的な授業

本校職員も、いち早くそのことに気付き、低学年からはじめるメリットと考えた。先述の「グローバル化に対応した英語教育改革実施計画」において、外国語活動の開始時期は現行の五年生から三年生になると発表された。授業時数にゆとりのある低学年で、英語の音に触れる体験をする意義はあると思われる。異文化受容能力の高さと合わせて、低学年からはじめるメリットはあるのではないだろうか。将来的に検討されることを期待したい。

2　中学年の実践

授業時数に余裕のある低学年に比べ、余裕の少ない中学年では時数の確保が課題であった。指導計画全十五時間は裁量の時間ぎりぎりであった。また、低学年と同じく、カリキュラムや教材は自力で開発しなければならない。基本的には、教材は『Hi, friends!』を活用した。単元の配列も内容も、五・六年生の『Hi, friends!』に準拠して作成した。指導法や具体的なゲームの仕方等については発達段階に合わせて工夫して行った。

3　本校教師の授業力

小学校教師のきめ細かさから、全学年どの授業も、児童が生き生きと活動し、互いにコミュニケーションを楽しみ、相手と関わる力を着実に伸ばしていく様子が見て取れた。実践を通して感じたのは、外国語活動は専門ではないといいつつも、コミュニケーションのある楽しい授業を創出することができる本校教師の授業力の高さだった。

4　教師の変容

(1)　教職員評価より

実践を通して大きく変わったことに教師の意識の変化がある。年度末学校評価の教職員の自己評価によると、

○「外国語活動に取り組んで良かったか」という設問に対し、

1　非常にそう思う	50%
2　ややそう思う	50%

と両者で一〇〇%となった。否定的な感想はなかった。

また、「年度当初に比べ授業に自信がついたか」という設問に対しては、六名中五名の担任教師が、控えめながら「自信がついた」と表現した。これらの結果は、年度当初の様子を思い浮かべた時、教師の意識の大きな変容であると感じる。

(2)　発音・英語アレルギーからの脱却

授業者である担任教師の発音は外国語活動で問題になることが多い。本校職員はこれに対して、背伸びもせず、萎縮もせず、子どもと共に学び続ける中から、自らの課題として向き合い、発音に対する意識を高めていったと解釈している。同様に、一般に英語アレルギーのことが取りざたされる。本校職員の英語アレルギーについて数値化はしていないが、取り組む前の抵抗感は確かにあったと思われる。これも、全学年で協働実践する体制づく

りや、校長自らの授業実践により触発され、職員集団が自ら壁を乗り越えていくことができたととらえている。

5　子どもの意識と変容

(1)　アンケート結果より

本校の児童に、英語の学習についてアンケートを取ったところ、次のような結果であった。設問は三つ。英語の学習は好きか。ALTと話すのは好きか。友達と話すのは好きかである。

○英語の学習は好きですか

1　すき　81%	2　まあすき　11%
3　あまり　2%	4　きらい　6%

○ALTと話すのはすきですか

1　すき　75%	2　まあすき　23%
3　あまり　2%	4　きらい　0%

○英語で友達と話すのはすきですか

1　すき　66%	2　まあすき　22%
3　あまり　8%	4　きらい　4%

約九割の児童が英語の授業を好んでいる。ALTとの対話をいやがっている子はほぼいない。また、約九割の児童が、英語による友達との会話が好きであるという結果であった。子どものアンケート結果は、感覚的な授業の見取りとほぼ同じであった。今後、経年調査を継続する必要があるが、基本的な取組による成果が現れているととらえている。

(2)　職員の実感した子どもの変容

本校研究集録より、成果を実感した職員の感想を付記したい。

本校職員は、外国語活動の授業を通して、「児童は相手と関わる自信をつけることができた」「なかよしの人間関係作りにもつながった」「こうした活動を仕組むことで、自他を尊重する心も育っている」としている。また、授業では、「欲張らずに一つの表現を扱い、何度も聞き話すうちに、子どもはその表現に慣れ、声もだんだん大きくなった」。そして、大きな声を出して自信をもった子どもは、自分から積極的にコミュニケーションを取ろうとするようになると手応えを感じている。

6　指導計画の工夫『全学年同配列』とその成果

本校の年間指導計画は全学年、『Hi, friends!』に準拠して作成した。低学年から、らせん階段のようによく似た表現がたびたび登場する。児童は、何度も同じ表現を繰り返し、学びながら慣れ親しんでいく。『全学年同配列』というのは本校なりの表現である。この意味は、らせん階段のように、学年を追うごとに、何度も同じ表現が登場するカリキュラム形態のことである。

これらの表現は、教師集団が自らの手で研修を通して解明した内容であり価値あるものだと考えている。

五　おわりに

この実践は、本校の目指す児童像「なかよく」と研究課題「外国語活動の授業づくり」の二つの経営課題を統合したものである。

昼休みに低学年児童が親しみをもってＡＬＴに接している姿を見ると、この取組が児童の関わる力の育成に着実に寄与していると確信する。

もちろん課題が全くなかったわけではない。一番大きな課題は、指導者である担任の発音をそのままでよしとして取り組んだことである。これは今後の小学校英語全体の課題の一つでもあろう。

中学年の授業の様子

しかしながら、外国語活動の充実には、教師が臆することなく、授業に挑戦することが最も重要なことだと考える。

低・中・高学年ともにどの教師も同じ方向を向いて、子どもとともに学び続ける中から、自らの課題として向き合い、発音に対する意識を高めていったことに校長として誇りをもっている。

外国語の学習は他の教科と同様、続けてこそ成果が現れる。今後の課題として、この実践を続けるべく、「英語の参観日」として設定しこれを定着させたい。そして、授業づくりに対する全教師の意欲をさらに高め、外国語活動を深化充実させ、校是「なかよく」を具現化していきたい。

9　ＩＣＴ教育の充実

小規模校のよさを生かし、全職員で育てる体制づくり

茨城県古河市立古河《こが》第五《だいご》小学校長
森　田　泰　司

〈本校の概要〉

本校は、茨城県の最西部、関東平野のほぼ中心に位置し、古河公方や城下町など歴史的文化の匂い漂う地域である。百三十名の児童、全七学級と小規模校のよさを生かして全職員が一人一人の担任として関わっている。

平成二十六年度本校の教育目標を見直し、「明るく素直な五小の子」と児童や保護者、職員にも分かりやすい目標に変えた。平成二十五・二十六年度、文部科学省の教育課程研究指定校となり、「論理的な思考」をキーワードに、市のＩＣＴ教育モデル校としての実践を踏まえ、ＩＣＴ機器を思考ツールの一つとして取り組んでいる。

一　はじめに

本校は、全学年単学級の小規模校であることを生かして、縦割りの異学年交流が活発であり、学年を越えて児童の仲がよい。欠席ゼロの日も多く不登校児童もいない。保護者も協力的で、ＰＴＡ会長を中心としたＰＴＡ活動が大変活発で学校の応援団的存在となっている。地域のコミュニティとの連携行事も多く、体育館での避難所宿泊体験やほたる鑑賞会など、保護者や地域の方々との体験活動は貴重なものとなっている。また、古河市のＩＣＴモデル校として、企業との連携により全学級電子黒板の設置や児童一人一台のタブレット端末の活用など、ＩＣＴ教育の充実を図っている。

しかし、本校の課題として、学力調査結果から、話したり書いたりすることはできるが、漢字の読み書きや基本的な計算の技能など基礎・基本の定着が不十分なことが挙げられる。モデル校としてスタートした「ＩＣＴ機器の活用」も、使い方が主となる研修になってしまい、ＩＣＴを活用することが目的になってしまっていた。つまり、Ｉ

ＣＴ機器を手段として活用することを共通理解していくことが課題となっていた。そして、課題解決のためと幅広い分野に取り組みすぎたため、職員にとっては疲弊感ばかりが累積してしまった。そのため、課題解決のためには重点化や焦点化を図ることが必要であると感じた。

二　課題解決のための重点化・焦点化した経営

1　学校教育目標の見直しと二つの重点目標の設定

今年度本校に赴任し、学校教育目標を誰にも分かりやすく知ってもらいたいと考え、「明るく　素直な　五小の子」に変更した。これまで学校教育目標というと、抽象的であったり、すぐ思い浮かばなかったりするものが多くなかったであろうか。学校の中心となる柱は誰にも分かってほしいものである。

次に、目標達成のために、今年度の重点目標を二点に絞った。校長として、あれもこれもやりたいと思うが、一年間で多くのことを実現することは難しい。今年はこれに力を入れる、と重点化・焦点化することが大切であると考えた。重点目標の一番目は、昨年度から文部科学省より教育課程の研究指定を受けており、その中心テーマである「論理的な思考」に関わる目標として、「自分の考えをもち、わかりやすく伝え合うことができる。」とした。その手段となるのが、電子黒板やタブレット端末等である。この目標は、教員評価と学校評価の重点目標として一本化を図った。

もう一つは、第一の目標の土台となるものとして、人権教育を位置付け、目標を「自分の大切さがわかり、友達のよさもわかる。」とした。相手と伝え合うには、自己肯定感を高めることが必要であり、そのためには自尊感情を高め、自信をつけさせることが大切であると考えた。

グランドデザインには、学年・学級経営の重点施策を評価指標を加えて載せるなど具体性をもたせた。特に、考える時間、表現する時間を確保するため、ＩＣＴ機器を思考ツールとしてとらえ、意見交流の場面での表現活動を重要視した（グランドデザインは次頁参照）。

2　ＩＣＴ機器の位置付けの明確化

昨年度まで、古河市のＩＣＴモデル校として他校より早く先進機器を授業に導入し活用を図ってきた。タブレ

平成26年度　古河代五小学校のグランドデザイン

本県教育の目標	古河市の学校教育目標

学校教育目標	あかるく　すなおな　五小の子

自分の考えをもち，わかりやすく伝え合うことができる。	自分の大切さがわかり，友達のよさもわかる。
○　筋道を立てて考えることができる。 ○　わかりやすく人に伝えることができる。 ○　友達の考えを聞き，自分の考えをより良くすることができる。	○　気持ちのよいあいさつができる。 ○　自分に自信をもって取り組める。 ○　困難なことにも挑戦することができる。

学校教育目標具現化のために

◎　全校児童が，明るく元気に登校することを願い，それぞれの児童が，着実に成長していくための教育活動を推進する。

（１）基礎・基本の確実な定着と学力向上
　○授業の充実（導入と振り返り）　○授業と連動した家庭学習　○朝自習の工夫　○読書活動

（２）考える時間，表現する時間を確保した授業づくり
　○総合的な学習の時間「古河の時間」と教科等を連携した指導
　○タブレット端末等，思考ツールを活用した指導

（３）お互いのよさを認め合える人間関係づくり

（２）考える時間，表現する時間を確保した授業づくり

学年・学級経営の重点施策

	1　基礎・基本の確実な定着と学力向上	2　考える時間，表現する時間を確保した授業づくり	3　お互いのよさを認め合える人間関係づくり	4　自己への関心を高める健康・体力づくり
第１学年 第２学年 第３学年 第４学年 第５学年 第６学年 相談学級	授業の終わり５分を学習のまとめの時間とし，練習問題を解いたり，わかったことをノートにまとめたりすることで，基礎基本の学習内容の確実な定着を図る。	○ICT機器 意見…の場面において，ICT機器を…料を提示しながら発…て，筋道を立…考えたり表現し…向上させる。 ○総合的な学習の時… 課題解決のため…とや考えたことを…面において，学習…たり，KJ法等の思…活用したりするこ…思考力・判断力・表…る。	○楽しさの実感を目指す 学級活動…動に…	体育の授業始めの５分間で，…とびやペース走を実施し，…させる。
評価指標	チャレンジテスト 全員合格（80点以上）	県学力診断のためのテスト ６年：全国学力調査B問題 （県平均以上）	用感…	…トのシャト…または＋10回以

○ICT機器
意見交流の場面において，ICT機器を活用して資料を提示しながら発表する活動を通して，筋道を立ててわかりやすく考えたり表現したりする力を向上させる。

ット端末を児童一人が一台を活用でき、全学級に設置している電子黒板を使って授業を行える環境にある学校は、近隣の学校ではまだ見られない。教師もＩＣＴ機器活用への抵抗はなくなりつつあり、ＩＣＴ機器の活用で教師主体の授業からの脱却が図られつつある。しかし、機器操作への慣れや授業で活用することが中心となってしまい、本来の授業のねらいに迫る活用ができているとは言えなかった。そこで平成二十六年度は、ＩＣＴ機器をどのように活用することがより児童の主体的な学習につながるのか、本校の中心課題である「論理的な思考」を導き出すことができるのか、思考ツールとして効果的な活用なのかを重点研究の一つとした。例えば、授業の導入での意欲を高めるため、話し合いや書く力など表現力向上のため、まとめを充実するための活用など、授業場面ごとの活用について全教科で取り組むことにした。

三　「論理的な思考」を促すＩＣＴ機器活用による授業改善

1　思考ツールとしてのＩＣＴ機器活用

企業と連携した研修

まず、ＩＣＴ機器やアプリの使い方が研修内容の中心ではなく、学習のねらい達成のための活用が中心となるよう職員の意識の切り換えを図るため、これまで使用してきた機器やアプリを精選することに取り組んだ。それらの中から必要なアプリについては、企業から講師を呼んでより効果的な活用について研修を行った。

特に、本校が平成二十六年度からの研究のキーワードである「論理的な思考」を助ける機器としてどんな活用方法があるかを全職員で研修していった。

一人一台のタブレット使用が本当に効果的なのか、場合によってはペアで一台の方が、あるいはグループで一台の方が効果的な場合があるのではないか、あるいは使わなくても効果は出るのでは、など実際に授業で活用を続けることによって、効果的な活用について検証を行った。

2　ミドルリーダーを生かした研修体制

本校で研究推進の核となるのが教務主任と研究主任である。二人は四十歳代半ばと三十歳代前半で、他校と比較すると若手の職員である。特にこの二人には、授業改善に関わる指導・助言を毎日短時間であるが、校長自ら研究や授業の幹となる部分について話し続けている。それらの話は、研究主任が定期的に発行する研究通信等を通して伝えられる。投げかけた課題については、小規模校のよさを生かして職員がちょっと集まって話し合うことなどを繰り返して、「昨日より今日、今日より明日」を目指して日々前進を続けている。これらの積み重ねが教職員の意欲の向上と意識改革につながっている。

また、計画的に位置付けた研修は、短時間で回数を重ね、継続することが大切であると考え、本校では毎週一回行っている職員集会で必ず研修を行うようにした。特に、夏季休業中は、朝の十五分を職員研修の時間に位置付け、毎日繰り返し行うことで、常に考え続けることの大切さを実感させている。また、授業研究を二週間に一回実施していることも、授業力の向上につながっている。

これらの中心が教務主任と研究主任の二人である。それらの取組の成果として、ICT機器を活用する必要性が多くの授業で見られるようになってきた。

3　「論理的な思考」とICT教育

昨年度までのタブレット端末の活用では、タブレット端末にまとめる活動により表現力向上を目指してきた。しかし、イラストや画像を貼り付けるなど、視覚的にはよくまとめられているように見えても、考察の部分が不十分で、まとめが充実しているとは言えなかった。

そこで、まとめは、直接ノートやワークシートに書かせることが大切であると考え、タブレット端末との使い分けを図った。例えば、六年生では百二十字以内で文章を書く課題が全国学力・学習状況調査でも出題されており、このような力を付けるには日頃からの書く訓練が

タブレット端末を使った理科の実験記録

必要となる。また、自分の考えを分かりやすく伝えるための「つなぎ言葉」として「論理的な思考につながる十のスキル」を全職員で話し合い作成した（左表）。児童がスムーズに話したり書いたりできるようになるまで、机上に貼っておき、いつでも参考にできるようにした。

わかりやすく伝え合うための「つなぎ言葉」

思考スキル	言葉
① くらべる 同じところ，ちがうところを見つけます。	○○とおなじで○○です。 ○○とちがって○○です。
② わける 同じまとまりになかま分けをします。	○○と○○は，○○なので，同じグループ（なかま）にします。 ○○と○○は，○○なので，別のグループ（なかま）に分けます。
③ つながりをみる げんいんとけっかのつながりをかんがえます。	○○のけっか，○○でした。 ○○したら，○○になりました。
④ りゆうづける 意見，考えの理由を考えます。	理由は，○○だからです。 どうしてかというと，○○だからです。
⑤ みかたをかえる 考え方や見方をかえて考えます。	ちがう見方をすると○○です。 ○○の立場から考えると，○○です。
⑥ かくにんしあう 考えや意見を，みんなでかくにんしあいます。	グループで話し合ったけっか，○○になりました。 ○○さんの意見に付け足して，○○です。
⑦ よそうする できごとやけっかを予想します。	○○になると思います。なぜならば○○だからです。 ○○になると考えました。理由は，○○だからです。
⑧ はしらだてをする 考えを発表したり，まとめたりするためのポイントを考えます。	○○について話します（書きます）。 まず○○です。次に○○です。最後に○○です。 ○○には，３つあります。ひとつめに…，ふたつめに…，みっつめに…です。
⑨ ひろげてみる 友達の考えや新たな事実をもとに，新たな考えをもちます。	（いままでは）○○だと思っていましたが，○○であるということがわかりました。
⑩ まとめる 伝えたいことを，かんたんにして伝えます。	つまり，○○です。 まとめると，○○です。 ようするに，○○です。

四　おわりに

現在、本校職員は日々労苦を惜しまず授業改善や学級経営に全力で取り組んでいる。今年度異動で赴任した職員が担任の半分を占めるが、今ではＩＣＴ機器に抵抗もなく自然に使いこなし、ツールとしての活用が浸透してきている。

これから必ず来るであろう一人一台のタブレット端末を活用した授業、本校では先進的に活用し、児童も自分の考えを表現するツールとして使い慣れてきている。ＩＣＴ機器は今後ますます進化し、新しい機器が開発されるだろう。しかし、それらを活用し授業をするのは教師である。今後もよい授業づくりにこだわり、日々の授業を積み重ねていくことこそ、いつの時代にも対応した授業ができることにつながる。

今後も、小規模校のよさという強みを生かしながら、全職員一丸となり、児童一人一人の担任という気持ちで、二十一世紀を生き抜く児童の育成に力を入れていきたい。

10　読書教育の充実

学びを広げ、心を育む読書教育の推進

福岡県糟屋郡久山町立久原《くばら》小学校長
金　子　清　志

〈本校の概要〉

本校は、福岡市の東部に位置し、校舎からは田園や緑豊かな山々を見渡すことができる。校区には鎌倉時代を中心に山岳寺院として栄えた首羅山遺跡《しゅらさんいせき》があり、平成二十五年に国史跡に指定された。児童数三百二十三名、十三学級の中規模校である。

本校は、教育目標に「夢に向かって努力し、伸びを実感できる子どもの育成」を掲げ、職員による共有化と協働体制を重視しながらその達成を目指している。読書教育を目標具現化のための中核的取組に位置付け、司書教諭の機能化と組織的取組を図りながら展開している。

一　はじめに

学習指導要領総則には「学校図書館を計画的に利用しその機能の活用を図り、児童の主体的、意欲的な学習活動や読書活動を充実すること」と記されている。また、本県「子ども読書推進計画」には、読書活動の意義について「言葉を学び、感性を磨き、表現力を高め、創造力を豊かなものにし、人生をより深く生きる力を身に付けていく上で、欠くことのできないものである」と述べている。このように、望ましい読書習慣の形成は、「新たな知を拓き、人間性豊かな社会を築く」児童を育成する上でとても重要である。

これら読書教育のもつ重要性は、本校教育目標及び重点目標達成に大きく関わるものであることから、重点的な取組としてとらえ、その充実に努めている。

二　読書教育の充実に向けた経営戦略

学校経営の目的である学校の教育目標実現には、校長のリーダーシップと教職員の経営参画へのモチベーションが不可欠である。本校では、読書教育の推進においても全職員の共通理解のもと組織的に行っている点が大きな特色である。そのための方策は次の三点である。

1　学校経営要綱への位置付け

本校の平成二十六年度の重点目標は「他との積極的な関わりを通して、基礎・基本を身に付け活用できる子どもの育成」である。読書教育に関しては、目指す児童像「心をみがく子」の中に「読書を通して、感動する心を育て生き方についての考えを深める子」と掲げ、重点目標達成のための方策としては「日常的・継続的な読書活動の推進と目標冊数達成百パーセント」をあげている。

2　経営ビジョン実現のための組織編制

教育目標を具現化する教育活動の推進を可能にするため校務分掌組織を「学力向上部」「心力向上部」「体力向上部」の三つの部会で編制している。その中で読書活動部は「心力向上部」に属し、構成員は司書教諭、学校司書、教諭の三名である。

3　司書教諭の機能の活性化

教育目標と重点目標達成の上から、また、学校司書が町内二つの小学校を兼務し隔週勤務である状況から、司書教諭が担う役割は実に大きい。そこで、司書教諭に「資料活用に関する指導・助言」機能を発揮し、教育目標具現化の視点から諸活動の企画・運営を行うよう指導している。特に、次の三点に重点を置いて取り組んでいる。

・読書活動に関わる国語科の提案授業（利活用指導）
・朝読書「ビブリオバトル」（書評会）の計画立案とモデルの提案（利活用指導）
・読書活動通信の発行（調査・広報）

三　主な取組の実際

本校の読書教育の重点目標は次の四点である。

○学ぶ力を育てる資料・情報センターの充実
○図書館利活用能力の育成
○心を育てる読書センターとしての環境整備
○読書タイムの充実と「家読」の定着

この目標達成のために図1に示す三つの柱を立てている。

1　学習・情報センターとしての機能を充実させる組織作り

図１

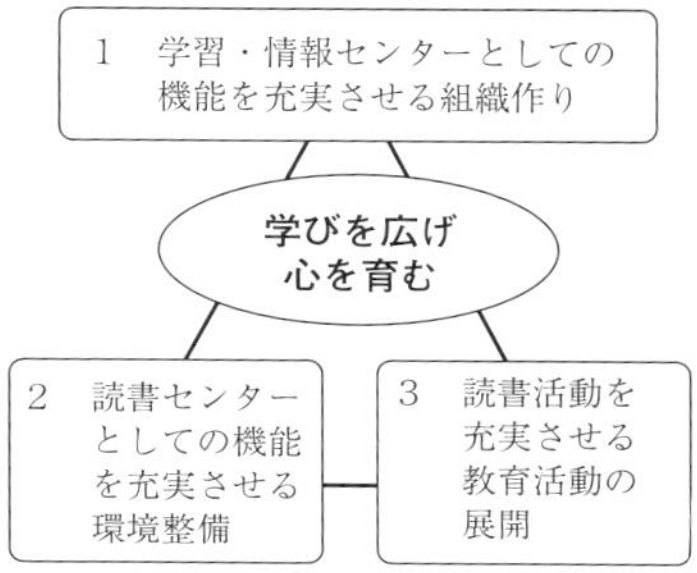

司書教諭や読書活動部の機能化と全職員による組織的取組を推進するため、運営組織を編制している（図２）。

２　読書センターとしての機能を充実させる環境整備

(1)　読書への関心を高める環境

年間二回の校内読書週間（旬間）には読んだ本をカード（もみじカード等）に記して掲示したり、「おすすめの本」を全て読破した児童名を紹介したりしている。

(2)　読書の輪を広げる環境

図書館前の書棚を利用し、特設のコーナーを設けている。（例／五月…運動会「読んで勝つ」／七月…人権に関する内容／など）

(3)　様々な情報の提供

校舎内に「情報コーナー」を設け、資料を並べている。

図２　久原小学校　読書活動部運営組織図

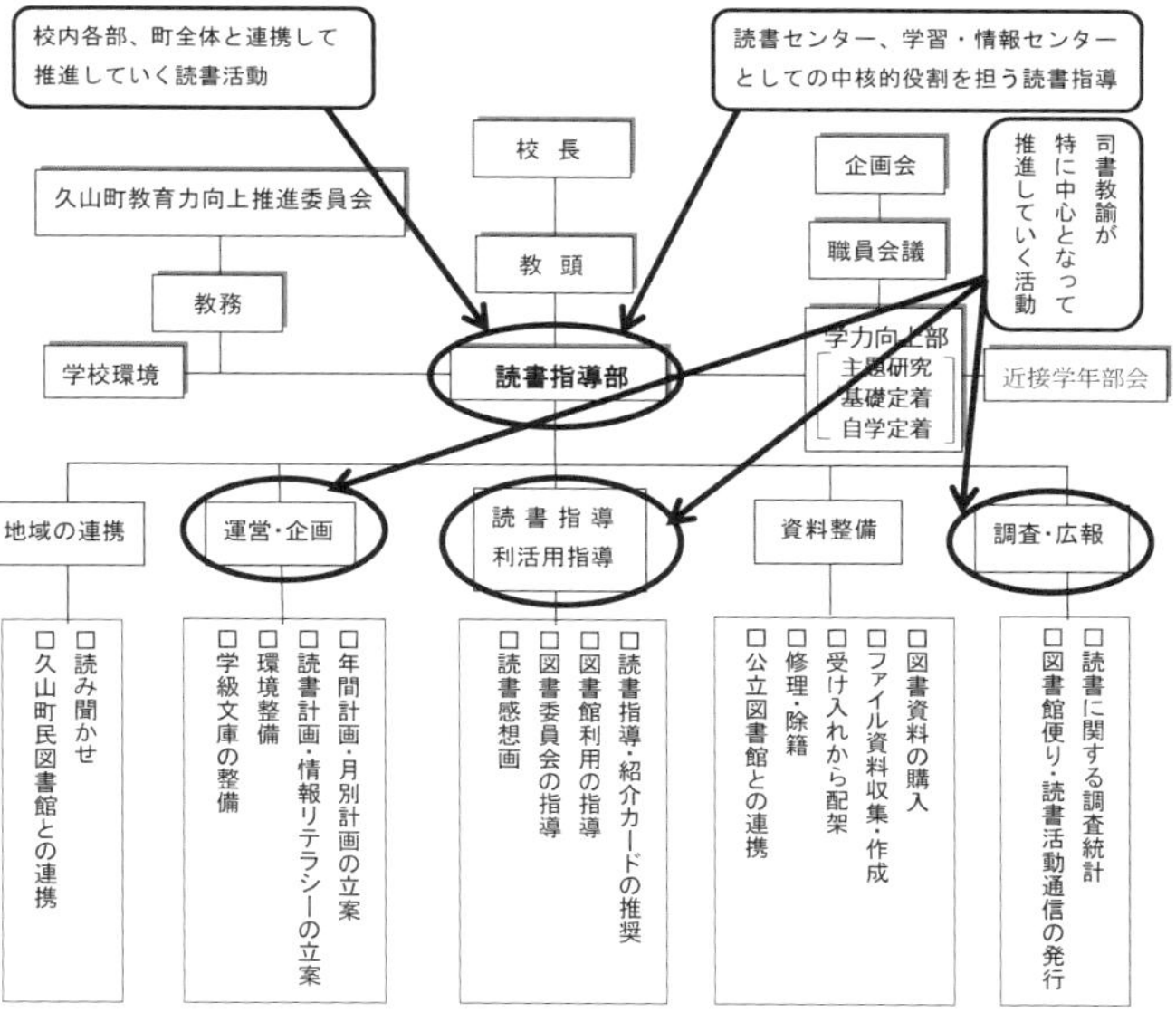

３　読書活動を充実させる教育活動の展開

(1)　図書館活用・読書活動年間計画の作成

日常の学習における利活用を計画的・系統的に実践でき

平成26年度　読書活動年間計画（3年生）

		4月	5月	6月	7月
国語科	単元名	様子や気持が伝わるように音読しよう。 物語「すいせんのラッパ」（工藤直子）	段落に気をつけて読もう。 説明文「自然のかくし絵」（矢島稔）	物語のあらすじをとらえよう。 物語「ゆうすげ村の小さな旅館」（茂市久美子）	書く人のくふうを考えよう。 説明文「ほけんだより」を読み比べよう 本は友だち
	関連図書	〈すいせんのラッパ〉 ・同じ作者「とりかえっこちびぞう」 ・早春「ねっこぼっこ」 ・春の喜び「こぎつねきっぺ」	〈自然のかくし絵〉 ・同じ作者「自然のかくし絵」 ・擬態「海の擬態生物」 「なぜなにさかな」 「むしたちのさくせん」 「森の小さなアーティスト」 「植物になりたかった無視」 「自然科学生き物のちえ」 「昆虫のふしぎ」 「こん虫のかくれんぼ」	〈ゆうすげ村の小さな旅館〉 ・同じ作者「つるばら村のパン屋さん」 ・日本のふしぎな話「ねこじゃらしの野原」 ・外国のふしぎな話「ようせいのゆりかご」	〈慣用句を使ってみよう〉 ・辞典「国語辞典」「慣用句辞典」「ことわざ・慣用句」「慣用句クイズ」「ちびまる子ちゃんの慣用句教室」「まんが慣用句なんでも辞典」 田部井淳子さんのおすすめの本「シンドバッドの冒険」「蜘蛛の糸」日本のむかしばなし
	伝国	【伝統的な言語文化】			日本の言の葉 慣用句を使ってみよう
他の教科		〈理科〉自然の観察をしよう ・自然の観察「ポケット図鑑」	〈理科〉昆虫を育てよう ・図鑑		〈理科〉 夏休みの自由研究
道徳		真心を込めて きまりはなんのために きまりのある生活	友だちのすばらしさ 明るい家庭 くじけない心	人にやさしく 正しい心、強い心 つながる命 自然の大切さ	はたらくことの大切さ 計画的に行動する
生活目標		気持のよいあいさつをしよう	気持のよいあいさつをしよう 元気よく運動しよう	気持のよいあいさつをしよう 友達と仲良く遊ぼう	気持のよいあいさつをしよう 植物を大切にしよう
行事		入学式 子ども読書の日	運動会 プール開き	読書習慣 交通安全教室	平和授業

図３　朝読書のやくそく

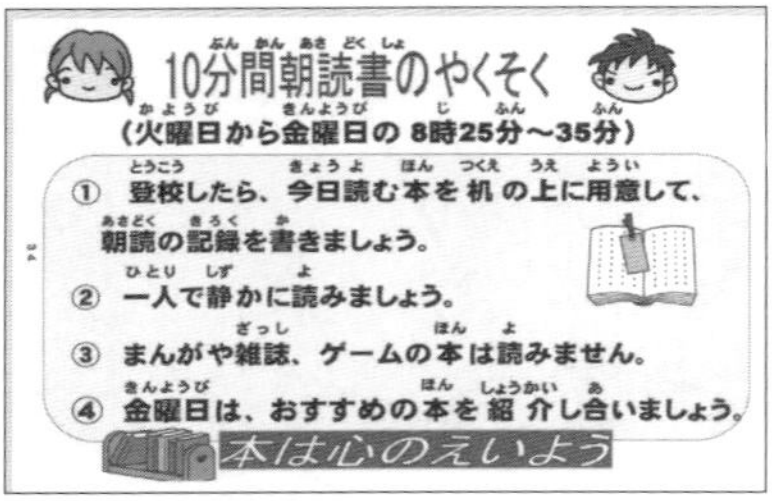

「古典の日」にちなんだコーナー

るように、年間計画を作成し、毎年修正を加えている。

(2)　朝読書の取組

「朝の読書でつながる心」を目標に、平成十年度より十分間の朝読書に取り組んでいる。これを契機に読書の習慣化や集中力の育成が図られるとともに、落ち着いた雰囲気で一日のスタートが切ることができている。

朝読書の進め方は、図３「朝読書のやくそく」のとおりで、①登校後机上に本を準備し始業前の時間を過ごす　②朝の会終了後の校内放送で読み始める　③時間になったら「朝読の記録」を記入する　といった流れが定着している。そして、毎週金曜日は読書スピーチを行い、自分が薦める本を紹介し合うことにより読書の幅を広げるとともに、校内研修と連動し表現力を育成している。また、担任も一緒に読むことで児童との人間関係も醸成される。

(3)　ビブリオバトルの取組

ビブリオバトルとは、勝ち負けを決めるゲームではなく全員で本の魅力を味わう読書スピーチ活動である。朝読書でのスピーチ活動の充実を図るため平成二十五年度より導入した。開始にあたっては、読書活動部で立案し、司書教諭によるモデル公開、全学級実施、反省・改善という手順を踏むことで、職員の共通理解を深めた。

ビブリオバトル１回戦の様子

具体的な方法は、制限時間内に各自のおすすめの本を紹介し合い、トーナメント方式で最も読みたい本（クラスのチャンプ本）を決めるものである。選ばれた児童は、給食時間の校内放送や読書集会で本を紹介する。年間二回の実施により進め方が定着し、学年に応じた実施方法も開発され、児童は楽しさを味わいながら読書の量と質の向上につなげることができている。

(4)　環境作りの工夫

児童の主体的、意欲的な学習活動や読書活動の充実を図る上で環境は重要な役割をもつ。このことから、本校では読書意欲を喚起し、活用を促す教室・廊下の環境整備に全職員であたっている。例えば、廊下の掲示板には、先に示した読書活動年間計画に基づいた実践を「学習のあしあと」として掲示している（右写真）。また、各教室に「読書コーナー」を設け、月ごとの読書目標や朝読

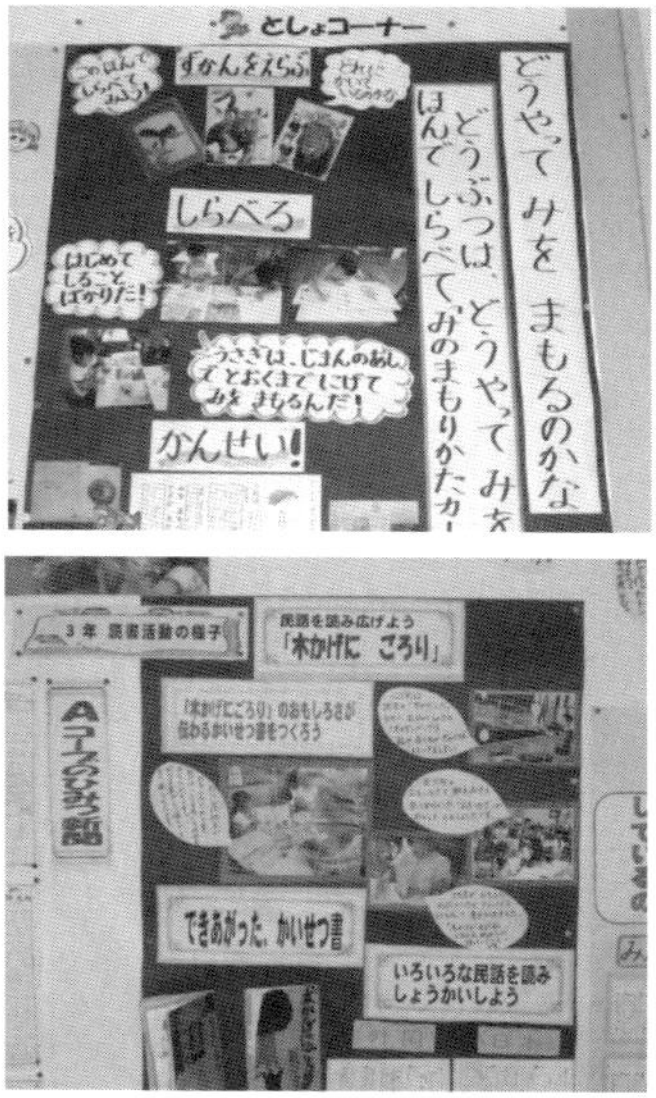

廊下学年掲示板図書コーナー
上：１年生　　下：３年生

書の約束、図書館だよりなどを掲示することで読書活動の啓発を行っている。

(5)　家庭・地域との連携

本校は、地域ボランティアと保護者ボランティアの二団体にご協力いただき、朝読書の時間に各学級年間十回程度読み聞かせを行っている。また、保護者には家庭学習の奨励をする中で「家読（うちどく）」の意義を伝えながら協力を依頼している。返却ボックスの校内設置、一日図書館員など町民図書館と連携した読書活動の推進も盛んに行われている。

地域の方による読みきかせ

四　取組の成果

平成二十五年度末に職員対象に行った経営評価に関するアンケート（五段階評定尺度）では「本年度の重点目標を意識して学級経営や担当分掌の企画・運営にあたる」「本校で自分に求められている使命や役割を意識している」の二つの設問に対してともに四・一という高い数値が示された。一方、児童の読書傾向の点においては、おすすめの本（三十六冊）の完読者が前年の一名から二十九名に大幅に増え、また、本を選ぶ際の理由を問うアンケートからはテーマをもって選んだり、推薦図書を選んだりする児童が多いということが明らかになり、読書の質や量の高まりがうかがえる。これは、読書教育に対して司書教諭や学校司書を中心に、全職員による組織的な取組が展開されている成果であると考える。

五　おわりに

本校は、長年にわたる読書教育の取組とその成果が評価され、平成二十四年度より、朝の読書大賞、文部科学省読書活動優秀実践校、全九州学校図書館コンクール優秀賞等を受賞することができた。これを励みに、今後も読書教育を本校教育活動の中核に据え、一層の充実を目指したい。そして、校長の明確な経営ビジョンと職員による共有化、経営参画への高いモチベーションを大切に学校経営にあたる所存である。

あとがき

『教育研究シリーズ』第五十三集を刊行するに当たり、全国連合小学校長会の編纂に関わられた校長に深く感謝申し上げる。本研究シリーズは、半世紀以上の歴史を誇り、学校経営の指針を示す書として編纂し続けられてきた。校長の先進的な学校経営の理念とその実践を全国の校長に発信し、全国の小学校教育の発展、充実に貢献するという使命を果たしてきたとの自負をもっている。

この度の第五十三集「新たな知を拓き 人間性豊かな社会を築く 日本人の育成」も、発刊以来の伝統を受け継ぎながら、新たな知の創造と人間性豊かな社会を築く日本人の育成を図る小校長の真摯かつ、精力的な学校経営の提言及び、実践を掲載することができた。

これらの提言及び、実践に共通するものは、校長の高い志に基づく教育理念、積極的かつ優れた指導性である。先進的な学校経営の実践には、確固たる校長の経営哲学があることを実感することができる。

本書をお読みいただく校長の学校経営上の状況は多様であり、解決すべき課題は様々である。しかし、本書をお読みいただくことで、課題解決に向けての指針や方途を数多く見出す内容を掲載できたと考えている。

序論では、本書の主題について、その背景や取り組むべき課題が明確に述べられている。「新たな知を拓く教育課程の創造」、「人間性豊かな社会を築く子どもの育成」「矜持を備えた日本人の育成」など、本書に掲載された提言や実践例の基盤となる知見が端的に記されている。また、序章においては、主題に迫るための学校経営の重要な観点が、豊富な実践を踏まえ、提言いただいた。どの提言も示唆に富み、熟読に値する内容を掲載することができた。

第一章から第四章までは、主題に関わる多彩な提言、実践例が掲載できた。いずれも、校長自身の学校経営の理念と実践力が生き生きと感得され、個性に富む提言、実践例である。ことに、地域の特色や特別活動の充実など、日本の教育のよさを再確認し、充実発展させる提言、実践例が多く、説得力があり、学校経営に自信と意欲が喚起される。

日々、学校経営に尽力され、小学校教育の発展のために、誠心誠意努力されている全国の小学校長が、本書を手に取り、本書から明日の実践への示唆と勇気を得ていただければ、編纂に携わった者として望外の幸せである。全国の小学校長の御協力と御努力に重ねて感謝と敬意を表する次第である。

平成二十七年四月

全国連合小学校長会広報部長　大橋　明
同　シリーズ等編集委員長　小黒仁史

教育研究シリーズ第53集　　編者承認検印省略

新たな知を拓き 人間性豊かな社会を築く 日本人の育成Ⅰ

編　者　全国連合小学校長会
代　表　堀　竹　充

発行者　大　平　聡
発行所　株式会社　第　一　公　報　社
東京都文京区小石川四ノ四ノ一七
振替　〇〇一九〇―一―一二五五六九
電話　（〇三）六八〇一―五一一八
FAX　（〇三）六八〇一―五一一九

印刷製本　大村印刷株式会社

平成二十七年五月二十二日　第一刷

　

ISBN978-4-88484-153-9